STUDIOS
T A L M A

Calculateur primosophique en ligne : astrao.fr

Pour contacter l'auteur : mathieulaveau.com

Talma Studios International Ltd.
Clifton House, Fitzwilliam St Lower
Dublin 2 – Ireland
www.talmastudios.com
info@talmastudios.com

ISBN : 978-1-913191-41-2
© Tous droits réservés. All rights reserved.

Mathieu Laveau

PRIMOSOPHIE
LE CODE SACRÉ
DE LA LANGUE FRANÇAISE

L'alliance de la Terre et du Ciel

Tout est nombre.
Pythagore

Notre ère n'a pas à enfanter une sagesse antique, mais une sagesse nouvelle, qui soit capable non seulement de remonter vers le passé, mais aussi d'agir comme une prophétie, comme une Apocalypse, vers l'avenir.
Rudolph Steiner,
L'univers, la Terre et l'Homme, 1908

Introduction

Ce livre est avant tout une quête, une recherche autour de la notion d'unité, au cœur d'un monde empreint de dualités : le fini et l'infini, le passé et le futur, le masculin et le féminin, la spiritualité et le matérialisme, le bien et le mal, le haut et le bas, le chaud et le froid, le grand et le petit...

Omniprésente dans nos vies, elle nous interpelle sans cesse dans nos choix. Dois-je aller ici ou là ? Ma décision est-elle bonne ou mauvaise ? Dois-je rester ou quitter cette personne ? etc. Nous naviguons le plus souvent à vue, au gré de notre libre arbitre, hélas sans toujours le discernement nécessaire. L'enjeu est d'avancer dans ce monde duel avec un sentiment d'unité en nous. Il faudra pour cela concilier le 2 et le 1, accepter et maîtriser la dualité, tel saint Michel maintenant au sol Satan, tout en étant relié à un plan divin d'unité. La primosophie peut-elle nous y aider ?

> Code mathématique, la primosophie est une approche de notre langue, qui doit nous conduire vers plus de compréhension et de sagesse, d'où *primo*, pour « nombre premier », et *sophia*, pour « sagesse ». À travers ce « un », ou ce « premier nombre », nous allons tenter d'appréhender non seulement la Création, mais aussi tout le cheminement pour nous mener au 1. Laissons-nous guider à travers les textes sacrés, les mythes, et autres légendes ayant traversé le temps pour arriver jusqu'à nous et se révéler à travers les nombres, tels de véritables messages codés.

Avec la primosophie, nous pénétrons littéralement, dans « la sagesse du Premier », par l'intermédiaire des nombres premiers, autrement dit ceux qui, mathématiquement, ne se divisent que par 1 et eux-mêmes : 1, 2, 3, 5, 7, 11, 13, 17, 13.... Nous passons des mots aux nombres par une gématrie, c'est-à-dire le remplacement des lettres par ces nombres premiers, puis observons les jeux d'association de mots ou expressions qui auront le même total ou nombres en miroir (chiffres inversés). Nous plongeons ainsi dans une forme de sagesse ancestrale, comme si tout avait été écrit et inscrit par avance. Nous sortons du petit « je » pour retrouver un « nous », mais qui ne fait qu'un avec ce que nous sommes, un avec les autres, un avec l'Univers. Nous ne pourrons alors que plier humblement le ge-nou (« je-nous »), à l'image d'un chevalier partant à la recherche du Graal.

Une partie de la jambe horizontale posée au sol et l'autre verticale, nous voilà prêt à partir de notre dualité horizontale pour retrouver une forme de verticalité qui nous reliera à l'unité.

Dans cette quête personnelle, dont l'objet initial était de tenter de comprendre l'origine des pyramides d'Égypte, nous voici aujourd'hui à observer un autre sujet tout aussi révélateur d'un grand mystère : la langue française, moderne qui plus est ! De l'Égypte et ses hiéroglyphes à notre écriture, y aurait-il matière à découvrir un secret bien caché, et pourtant à notre vue tous les jours ? C'est ce que nous allons montrer, à travers une série de constats simples, tous plus étonnants les uns que les autres. Simples jeux de mots ou messages codés à décrypter ? Chacun en tirera ses propres conclusions.

Le rapport entre les nombres et les lettres n'a rien de nouveau. La Kabbale hébraïque fait depuis tout temps ce rapprochement entre une lettre et un nombre donné. On parle alors de gématrie ou guématrie, qui est utilisée dans l'étude de la Bible. Une forme de numérologie plus classique consistant à associer nos vingt-six premiers nombres (1 à 26) à nos vingt-six lettres de l'alphabet est également très connue. Certains utilisent aussi une gématrie en base neuf, mais basée sur les nombres premiers, elle apporte un tout nouveau regard sur ces pratiques. À l'instar de la langue hébraïque, le français ne pourrait-il pas, lui aussi, offrir un lien porteur de sens entre des nombres et les vingt-six lettres de son alphabet ? Peut-on parler d'une sorte de Kabbale à la française ?

Pour tirer la quintessence de notre langue, il faut cependant passer outre les mathématiques modernes, car elles ont exclu dans les années soixante le 1 des nombres premiers. Par simplification mathématique, la notion de deux diviseurs différents a été ajoutée, car le 1, divisible par son même nombre était une exclusivité sans doute devenue trop gênante pour les calculs. Ce qui se conçoit mathématiquement ne l'est plus forcément quand on commence à raisonner aussi avec la symbolique des nombres où l'unité se doit de retrouver toute sa place. Le 1 sera donc ici réintégré, comme il le fut toujours avant une société exacerbant le 2 de la dualité. En conséquence, il sera associé à notre première lettre, le A, que nous retrouvons au tout début de la Genèse : « **A**u commencement… »

C'est à Georges Vermard que nous devons cette utilisation des nombres premiers. Après avoir délivré de nombreuses révélations sur les pyramides et leur liens géométriques avec les astres, c'est lui qui initia le concept et inventa le mot « primosophie » au début des années 2000, mais sans le développer véritablement faute d'une base de données suffisante. Il faut attendre 2016 pour commencer à nous y intéresser de plus près, à la suite de constats étranges, que nous aborderons plus loin.

Après avoir longtemps travaillé sur les pyramides avec Georges Vermard, chercheur invétéré et passionné, je me suis penché sur la géographie sacrée de la France, notre Hexagone national. C'est très peu de temps après que le français s'est mis à m'interpeller davantage, comme s'il fallait établir le lien à travers ce que les lignes géométriques sur la France me disaient et les mots de notre langue. Comme si la France avait finalement quelque chose à révéler, sous une forme cryptée, aussi bien dans sa géométrie que sa langue.

Avant de plonger au cœur de ce système de codification, je tiens à préciser un point : la primosophie fonctionne tout spécialement avec le français. Dans son essence même, elle est française, semble-t-il, et nous délivre des messages clairs. Les essais réalisés avec l'anglais ou l'espagnol, par exemple, le montrent. Certes, il s'y trouve d'heureuses coïncidences, mais elles ne donnent à la primosophie qu'un aspect ludique, rien de transcendant. Cette forme de gématrie ne paraît donner sa pleine mesure qu'avec le français moderne. Cette réserve limite son caractère universel, mais les messages que nous en tirons, eux le sont. C'est en cela que la France a vraisemblablement encore un rôle à jouer dans le monde.

Il n'y a pas pour autant matière à s'enorgueillir ou pervertir le message dans un nationalisme cocardier de mauvais aloi. En effet, encore faut-il assumer pleinement cette mission. C'est l'une des contributions de ce livre, qui restitue le fruit de découvertes pour le moins étonnantes.

La France de Champollion va donc devoir décrypter son propre langage, après avoir su traduire les hiéroglyphes égyptiens. D'ailleurs, est-ce un hasard si c'est un Français qui permit ce prodige à une époque où la Tradition ancestrale égyptienne nous était inaccessible, alors que nous verrons que la France et l'Égypte des pyramides sont indissociables. La Grande Pyramide de Gizeh, dite « de Khéops », reste un fil conducteur dans toutes ces recherches.

Elles n'auront véritablement de sens que si elles nous guident dans notre quête personnelle et intérieure. Un savoir de plus n'a d'intérêt que s'il peut nous aider à grandir de l'intérieur et non juste à paraître, pour faire bonne figure en société. Prendre conscience de ce qui se cache derrière ces notions, ces mots, devrait nous permettre de vivre plus sereinement et, surtout, de mieux accéder à qui nous sommes, au fameux « Connais-toi toi-même ».

Grâce à la primosophie, nous aurons un regard neuf et pourrons créer des passerelles entre différentes sources de connaissance, que ce soit à travers les textes sacrés, l'alchimie, la Kabbale, les contes, les mythes... Il s'agit juste de constater et de voir comment elle résonne (ou « raisonne ») en vous, en nous, et nous met en mouvement pour (re)trouver l'équilibre dans un monde où dualité et division sont plus que jamais exacerbées.

J'espère de tout cœur, amie lectrice, ami lecteur, que vous pourrez ressentir comme j'ai pu le faire, la portée profonde de ces découvertes toutes plus incroyables les unes que les autres, et que les mots et les images viendront vous frapper au cœur. C'est au plus profond de nous qu'il nous faut réveiller notre nature véritable.

Mettons-nous en route sur ce chemin qui s'éclaire un peu plus à chacun de nos pas.

A	B	C	D	E	F	G
1	2	3	5	7	11	13

H	I	J	K	L	M
17	19	23	29	31	37

N	O	P	Q	R	S
41	43	47	53	59	61

T	U	V	W	X	Y	Z
67	71	73	79	83	89	97

Chapitre I

La puissance des nombres premiers

1. Le principe de la primosophie

A) Mode d'emploi

Le principe en lui-même est relativement simple : il suffit d'associer les lettres des mots aux nombres premiers. Autrement dit, nous prenons la série des 26 nombres dits « premiers » et les faisons correspondre, dans l'ordre, aux 26 lettres de notre alphabet. Ces nombres premiers sont ceux qui ne se divisent que par 1 et par eux-mêmes. Nous aurons ainsi A = 1, B = 2, C = 3, D = 5, E = 7, ... jusqu'à Z = 97 (cf. page précédente).

La définition principale précise bien que le nombre premier est divisible par 1 et lui-même, ce qui est aussi le cas du 1, d'où l'importance de l'intégrer dans la liste des nombres premiers. Une deuxième définition fut ajoutée dans les années 60 à l'avènement des mathématiques modernes, précisant qu'il y a **deux** diviseurs pour chaque nombre premier : 1 et lui-même. Pour le 1, il n'y a qu'un seul diviseur, puisqu'il s'agit du 1, et il fut retiré de la liste des nombres premiers. Or, nous allons voir que, justement, tout l'intérêt de la primosophie est de retrouver l'unité, donc le 1. Voilà pourquoi nous l'avons réintégré, sachant qu'il répond avant tout à la définition mathématique initiale, l'autre étant davantage une simplification d'usage venue s'ajouter tardivement. Nous pourrions dire plus précisément qu'ils « sont divisibles par eux-mêmes et par l'unité » en tant que symbole, et tout rentrerait dans l'ordre. Ainsi, le 1 numérique serait divisé par l'unité représentant en fait le Tout, qui ne fait qu'un. Il nous faut ainsi sortir quelque peu de la représentation purement mathématique et aller voir ce que disent les nombres... Les temps sont venus de réintégrer l'unité et le monde du symbolisme. Ensuite, il suffit d'additionner les nombres obtenus avec chacune des lettres pour découvrir le nombre du mot correspondant. L'intérêt de la primosophie consiste principalement à associer des mots qui ont le même nombre.

Exemple 1 : le 69 du BIEN et du MAL
BIEN : B = 2, I = 19, E = 7, N = 41. Total : 2 + 19 + 7 + 41 = 69.
MAL : M = 37, A = 1, L = 31. Total = 69 !
N'est-il pas logique d'associer le Bien et le Mal et de découvrir qu'ils donnent le même nombre ? Ce cas est doublement étonnant, car le 69 forme aussi le symbole du Yin et du Yang, association des oppositions. Quel autre nombre que le 69 pourrait mieux représenter l'association Bien-Mal ?
Il ne peut y avoir de Bien sans Mal, et inversement. Voilà avec deux mots allant de pair, avec des chiffres d'origine arabe, le tout dessinant un symbole d'origine... taoïste. N'y a-t-il pas déjà matière à s'interroger quant à l'essence même de notre langue ?

L'écriture primosophique
Afin de faciliter l'écriture et la lecture, les mots calculés seront écrits en MAJUSCULES. Le total sera présenté à côté entre parenthèses : BIEN (69), MAL (69), ou sous ces formes : BIEN = 69 = MAL, ou BIEN = MAL = 69, lorsque deux ou plusieurs mots présentent le même total.

Exemple 2 : l'unité dans les étoiles ?
Ayant longtemps étudié le lien entre la Grande Pyramide et les étoiles d'Orion, dévoilons ce qu'elles nous disent. En restant sur

le principe d'association de mots portant le même nombre, nous obtenons : ORION = 43 + 59 + 19 + 43 + 41 = 205 = L'ÉTOILE (205). Or, nous avons aussi UNITÉ = 205

Nous pourrions ainsi traduire ces associations : « les étoiles d'Orion nous guident dans notre quête de l'unité ». Cela viendrait corroborer mes recherches sur les incroyables géométries réunissant des étoiles associées à la géométrie du plateau de Gizeh et de la Grande Pyramide, qui vont dans le sens de comprendre que tout est relié.

Exemple 3 : le mot et le nombre de DIEU
DIEU = 5 + 19 + 7 + 71 = 102

Nous constatons que Dieu contient en Lui le 1, mais aussi le 2. Globalement, Il se totalise en 3 (1 + 0 + 2 = 3). Si d'aucun voyait Dieu comme un symbole d'unité, représentant le 1, nous découvrons dès maintenant qu'Il est plus que cela.

Pour bien comprendre la portée des nombres, il nous faut les considérer à deux niveaux : ils permettent de calculer, de compter des quantités, mais ils sont aussi porteurs de sens, comme le 1 « unité », le 2 « dualité », le 3 « trinité »... Nous jonglerons avec ces deux approches du nombre tout au long de ces pages.

Prenons les lettres du mot D-I-E-U. Considérons que le I est aux lettres ce que le 1 est aux nombres, autrement dit, la verticalité (I = 19, soit 1 + 9 = 10, soit 1 + 0 = 1, soit l'unité au final).

Maintenant, supprimons dans DIEU la lettre I ; il nous reste alors D-E-U, entendons : « deux ». Le 2 représente la dualité. En perdant la verticalité, nous restons dans la dualité avec son horizontalité, mais nous perdons la connexion possible au divin. Tout serait ainsi dit en quatre lettres, et confirmé par la présence du 1 et du 2 dans le 102. Le zéro central nous rappelle la source de toute chose, une forme de néant d'où tout émerge, à l'image du Noun égyptien, l'océan primordial d'où émerge la vie.

Cet exemple nous permet de constater que nous pouvons jouer avec les mots, leurs nombres primosophiques, mais aussi à travers ce que nous entendons. C'est ce que les alchimistes nomment la « langue des oiseaux », qui leur servait à délivrer des messages sans le faire ouvertement. Un langage encore une fois assez spécifique du français, et que nous utiliserons parfois, afin de compléter l'information contenue dans le mot, ou l'expression.[1]

Exemple 4 : LUCIFER et la DUALITÉ
Puisque nous évoquons Dieu, observons LUCIFER = 201.

Voilà une bien étrange inversion de notre 102. « Logique », direz-vous : si Dieu est 102, son opposé en miroir sera le 201. Or, Lucifer est l'archange « porteur de lumière », confondu à tort avec Satan, qui personnifie le Mal. Lucifer, lui, est une forme d'« énergie divine », mais inversée, c'est l'archange déchu. Il semble ainsi rester en lien avec le divin ; nous aurons l'occasion de développer cet aspect. Il mettra en avant le 2 de la DUALITÉ, qui, justement, totalise (miraculeusement ?) aussi 201.

Par association, et pour comprendre comment fonctionne la primosophie, Lucifer nous dit que le miroir de Dieu est le monde de la dualité, qu'il est, au final, le plan dans lequel nous nous trouvons, celui de l'incarnation dans la matière. Si nous ne trouvons pas la verticalité (le 1 ou le I) et ne restons que dans l'horizontalité, nous ne pourrons pas retrouver Dieu, autrement dit, le plan divin ou spirituel, notre unité. Lucifer est notre porteur de lumière dans le monde de la dualité. Contrairement à ce qu'on peut penser, il va nous aider à retrouver cette lumière – nous verrons comment.

LUCIFER ou DUALITÉ nous indiquent avec DIEU un autre point important dévoilé par la primosophie : l'effet miroir. Nous verrons qu'il est omniprésent et devrons régulièrement tenir compte des deux faces : l'image et son inversion.

---
1. NdÉ : lire *La Langue des oiseaux – À la recherche du sens perdu des mots*, Baudouin Burger, éd. Louise Courteau (cf. www.novimondi.com).

Exemple 5 : **SAINT MICHEL**
En associant DIEU (102) et son miroir LUCIFER (201), nous obtenons le total de 303, soit SAINT MICHEL (303). Dans ses représentations, il apparaît en train de terrasser Lucifer, un démon, ou encore un dragon.

Notons qu'il ne le tue pas mais le terrasse, le maintien au sol, chacun restant à sa place. Saint Michel semble donc faire le pont entre le monde d'en haut et celui d'en bas, entre les Cieux et la Terre. Il nous rappelle qu'il faudra compter sur Dieu pour terrasser la bête. Cela revient à dire que saint Michel, aidé de Dieu et Lucifer, arrive à terrasser Satan, ce qui pourrait se traduire par : SAINT MICHEL (303, ou 102 + 201) moins SATAN (171) = 132. Nous obtenons alors l'AURA (132), miroir de la LUMIÈRE (231), celle que porte Lucifer, comme s'il existait une lumière du bas, celle associée à LA TERRE (231), et une lumière, en miroir dans les Cieux, représentée par Dieu. Il s'agit peut-être de celle contenue dans l'ŒUF (132) cosmique initial, celle que nous ne voyons pas mais qui constitue, pourtant, cette aura… Notons que ces « lumières », sont des anagrammes numériques du 123 d'AIMER.

L'archange Lucifer est précisément LE PORTEUR DE LA LUMIÈRE (666). Ce 666 représente « le nombre de la Bête » mentionné dans l'Apocalypse de Jean, nombre souvent associé à Satan. On comprend alors pourquoi il a pu être confondu avec le Diable. Nous verrons cependant que le nombre 666 est beaucoup plus beau qu'il n'y paraît.

Nous constatons à travers ces nouveaux exemples que la traduction primosophique vient révéler des corrélations cachées, permettant de comprendre le monde de l'invisible. Tout concorde parfaitement.

Saint Michel terrassant Satan

© Zatletic | Dreamstime.com

B) Le symbolisme des chiffres de 1 à 9

C'est la force du nombre. Après l'unité et la dualité, nous avons la trinité du 3, représentation du « ciel » ; le 4, c'est la matière et donc le lien avec la « Terre », le côté « carré » des choses ; le 5, c'est le chiffre de l'homme, dit-on, que l'on retrouve dans l'homme de Vitruve, le pentagramme de Léonard de Vinci ; le 6 représenterait l'harmonie, c'est la fleur de vie inscrite dans l'hexagone et que nous détaillerons plus loin ; le 7, chiffre hautement symbolique, avec les 7 couleurs de l'arc-en-ciel, les 7 chakras principaux, les 7 jours de la semaine, les cycles de 7 ans dans la vie d'un humain, les 7 étoiles d'Orion, etc. Il représente un cycle, et, pour les Égyptiens, la vie éternelle ; le 8, c'est l'équilibre parfait, le lien entre le Ciel et la Terre, entre le fini et l'infini ; le 9, c'est la plénitude, la création accomplie.

Chacun des chiffres pourrait être développé davantage au sein de chaque nombre, car ils sont aussi liés à chacun des neuf premiers dieux de l'Ennéade égyptienne, à des qualités humaines, à des formes géométriques (le cercle pour le 2, le triangle pour le 3, le carré pour le 4, etc.). La symbolique sera à rechercher aussi lorsque nous calculerons la quintessence finale du nombre (exemple du 3 pour le 102 (1 + 0 + 2 = 3), qui fera référence à la Trinité, au Ciel, et donc au lien avec Dieu.

Dans ce premier livre de découverte de la primosophie, nous développerons peu ces aspects ; il nous arrivera cependant d'interpréter l'ensemble des chiffres inclus dans le nombre (exemple : la symbolique du 1, du 0, du 2 dans le 102).

Nous nous attacherons surtout aux associations entre les mots, et aux effets miroirs ou complémentaires.

C) Le choix des mots

La limite de l'exercice, qui pourrait nous être reprochée, serait que nous ne retenions que les mots qui nous arrangent pour nos démonstrations. Il est possible que cela arrête ceux qui n'y verraient qu'un exercice de mise en forme de ce que nous voulons démontrer. Une démonstration avec quelques mots, j'en conviens, peut n'être que simples coïncidences. Cependant, lorsque tout devient cohérent, par les mots eux-mêmes, les histoires ou les mythes, les monuments, la Bible elle-même, les noms de lieu, etc., et que tout nous dit la même chose, avec des mots pourtant différents, n'est-ce pas concluant ? Nous avons donc simplement tenté d'en extraire les « messages » qui nous sont transmis, fruits de l'évolution de l'histoire des hommes, des peuples, de l'évolution de la langue, comme si tout était déjà écrit. Les temps sont venus de les décrypter.

Il est vrai que nous ne retiendrons que les mots pouvant s'associer pour donner du sens, car le but consiste à en donner à ce qui a été créé autour de nous. Il est évident que les combinaisons pourraient être multiples et incohérentes, voire contradictoires. Il n'est pas rare en effet de trouver du noir dans le blanc, autrement dit, un nombre porteur d'ombre dans la lumière. C'est à nous justement de lire la cohérence où elle n'apparaît pas de prime abord. Le plateau de Gizeh en est un bon exemple : a priori, à écouter les égyptologues, ces « tombeaux » furent disposés au hasard de la topographie des lieux, bien qu'il existe une cohérence entre ce qui est au sol, dans la forme de la pyramide et ce qui est dans certaines étoiles ayant servi de référence à la construction. Il en sera de même pour la primosophie : allons chercher ce que « le plan divin » a voulu inscrire dans les mots.

Exemples 6 : les deux faces d'un même mot
LE SAINT GRAAL = 332 = OBSCURITÉ
Le contexte nous aidera à choisir, mais peut-être aussi à voir les deux faces de toute chose, ou comprendre, comme ici, que la « lumière » n'est peut-être pas là où l'on croit... Nous aurons l'occasion d'étudier cette question.
SATAN = 171 = ARC EN CIEL

La beauté face au « mal », que nous retrouvons aussi dans LE MONDE = 171. Au passage, nous noterons que LE DÉMON = SATAN = 171...

Nous ne pouvons nier qu'en ce bas monde, le mal existe, en même temps que la beauté des arcs-en-ciel. Ce sera donc à nous de choisir quelle face nous voulons regarder.

Ce qui pourrait paraître un écueil de la primosophie, en choisissant les mots que nous souhaitons, constitue, en fait, une révélation en soi : il nous appartient de choisir dans quel monde nous désirons vivre.

Libre à chacun de faire ses propres associations. Celles que nous forgerons dans ce livre seront propres à nous aider à (re)trouver ce chemin de l'unité, de la beauté, de l'harmonie, ce qui sera notre fil conducteur, tout en sachant qu'une autre face existe.

D) L'utilisation de l'article défini

Chaque mot peut être décliné avec ou sans son article LE, LA, L', voire LES. Nous éviterons UN et UNE, qui restent trop vagues, et ne définissent pas le mot lui-même, sauf exception.

De nouveau, cet exercice pourrait s'avérer un « petit arrangement » pour trouver ce que nous souhaitons trouver, mais, selon le contexte, l'ajout de l'article est source d'émerveillements, tant le nouveau nombre obtenu sera révélateur. Le français nous donne cette opportunité, et il serait dommage de nous priver de découvertes essentielles. Alors saisissons toutes les possibilités qui nous sont offertes, elles ont toutes leur place.

Exemples 7 : l'utilisation ou non de l'article

Ayant beaucoup travaillé sur la pyramide de Khéops, voilà quelques aspects qu'elle peut nous délivrer avec ou sans l'article : PYRAMIDE = 264, nous parle de RECENTRAGE (264), de LA VÉRITÉ (264), entre autres surprises dévoilées plus loin.

LA PYRAMIDE = 296, nous dit aussi LE QUATRE (296). Or, le chiffre 4 est à la base de la construction de la Grande Pyramide, en nous donnant son angle à travers la tangente, qui est de 4/Pi. Se priver de ce message eut été dommage, d'autant plus que lorsque nous disons « LA pyramide », nous sous-entendons « LA Grande Pyramide ».

296 nous parle aussi de L'ONDE DE FORME (296) : une piste à creuser quant à cette forme pyramidale si particulière, justement génératrice d'ondes de forme.

E) L'utilisation de plusieurs mots à la fois

Le mot pourra être pris seul, avec l'article ou encore associé à un autre mot. Nous pourrons aussi traduire des phrases entières. C'est là toute la souplesse de la primosophie, que nous utiliserons néanmoins avec raison.

Exemple 8 : mots-composés et expressions
JÉSUS-CHRIST = 449 = ESPRIT SAINT / SAINT ESPRIT

Un exemple d'une belle révélation de ce que peut représenter l'énergie christique.

RÉUNIR DEUX MONDES = 616 = UNION DE L'HOMME ET DE LA FEMME

Belle association, mettant l'unité au centre, et le 6 de l'harmonie de chaque côté. Elle délivre un message magnifique : retrouver l'unité du couple homme-femme ou, plus symboliquement, du masculin et du féminin en soi.

© Alexandra Barbu | Dreamstime.com

2. Entrée... en matière
A) Jouons un peu : le château de sable

Notre quête de l'unité, une véritable quête du Graal, ne s'improvise pas. Il faut nous préparer. Il sera question de chevaliers, de rois, de châteaux, de reines, de dragons, d'épées, de combats, mais aussi d'amour, bien sûr. Aussi, allons-nous devoir nous familiariser quelque peu avec ces éléments. On nous dit souvent qu'il faut savoir retrouver l'enfant intérieur qui est en nous, alors allons-y ! Préparons-nous en retrouvant les jeux de notre enfance (ou de maintenant si nous avons su rester enfant...).

C'est ainsi que nous allons plonger dans le monde de la primosophie et des messages subliminaux qui peuvent être véhiculés à travers elle. Nous allons jouer avec ce qui touche au divin, à Dieu pour ne pas le nommer, car notre quête du Graal, est une quête d'ordre divine. Dès lors, il n'est pas étonnant que JOUER = 203 = JEU (101) + DIEU (102). Et tout ce JEU (101) consistera justement à retrouver le 1 pour accéder au 102 de DIEU.

Si vous êtes prêt à jouer, alors je vous propose dans un premier temps de vous retrouver petit enfant, sur une belle plage de sable jaune et fin de préférence (nous verrons pourquoi), au bord d'une mer reflétant le bleu du ciel, et dans la douce chaleur du soleil. La marée monte et descend au gré de l'influence de la Lune. Vous n'avez qu'une envie, comme tous les enfants à la plage, c'est de construire un château de sable. Un beau, avec tours et donjon, ses douves qui le protégeront (un temps) de la marée qui monte. Vous souhaitez être le roi de la plage, face à l'eau qui va venir envahir votre château symbolisant votre quête. LE CHÂTEAU (205) vient nous rappeler l'UNITÉ (205), nous sommes donc à bonne école.

Ce décor et ce besoin inéluctable de faire un château chez tous les enfants reste, somme toute très classique, mais, l'air de rien, il recèle un mystère bien plus grand. C'est là que la magie des mots commence à opérer : un univers entier va s'éclairer, avec une cohérence telle qu'il devient difficile de douter qu'il soit le fruit d'un simple hasard.

Découvrons les éléments du décor. La MER, c'est 103. Nous voilà très proche de DIEU 102, non ? Serait-ce le DIABLE (103) qui va venir attaquer notre château ? Il devra résister à la MARÉE (111). Nous suivrons la LIGNE (111) de front de l'eau, qui viendra lécher le MUR (205 d'UNITÉ, encore lui) de la forteresse. 103 + 102 = 205, nous restons dans l'UNITÉ (205). DIEU (102) et DIABLE (103) sont visiblement indissociables.

Revenons à notre PLAGE. Son 99 est celui de la VIE (99). Et quelle joie d'être sur une plage ! La VIE (99) sous le SOLEIL (192) nous amène à 291 (192 + 99), nombre miroir du soleil. C'est aussi l'ESPRIT (291). Les deux sont, en fait, indissociables : sans le Soleil, la vie sur la Terre n'existerait pas. Ainsi, le premier message est clair : toute chose existe avec son reflet. Ici, la lumière du Soleil devient vie ; or, LUMIÈRE (231) + VIE (99) donne le 330 du COMMENCEMENT.

Voilà un bon départ. L'autre élément essentiel pour construire notre château est, bien évidemment, le SABLE, qui n'est autre que le 102 de DIEU lui-même ! On comprendra ainsi pourquoi on le préfère le plus fin possible : un dieu « grossier » manquerait de finesse, d'autant plus que LE SABLE FIN = 211, soit le 211 de AMOUR (211) et de SAGESSE (211). N'ayons donc pas peur de jouer avec le sable fin. Sa couleur n'est pas sans importance non plus, le jaune se rapprochant de la couleur de l'OR (102). Notons que SABLE FIN = 204, ou 2x102, et qu'il cache peut-être bien là son SECRET (204).

Nous avons le sable fin de la plage et les marées comme élément extérieur inéluctable, il nous faut maintenant quelques outils, seau, pelle et autre râteau. Voyons ce qu'ils nous offrent.

La PELLE (123), instrument indispensable, n'est autre que le 123 de AIMER. La pelle nous invite donc à passer à l'action, mais pas n'importe comment. Pelle et sable réunis nous incitent à « aimer Dieu », rien que ça ! C'est sans doute là notre BUT (140), que nous pourrons atteindre grâce aussi au SEAU (140), indispensable pour que notre tour soit la plus parfaite possible. Notre quête avance...

Aimer nous force à agir, mettre la main à la pâte, faire notre premier PÂTÉ (122) de sable. Dressons notre tour vers le haut, pour retrouver L'AXE (122) vertical. Notre PÂTÉ (122) + SABLE (102) = 224 nous pousse à œuvrer dans l'HARMONIE (224). Quel magnifique travail !

Ce seau que nous avons rempli, et qui pourrait représenter la coupe du Graal, nous allons le retourner. Le 102 du sable devient 201. Nous entrons dans le monde de la DUALITÉ (201) en créant notre château-fort. Nous nous enfermons, nous nous protégeons de la MARÉE (111), de peur d'être submergés par le 1, par une unité trop omniprésente ? Pourtant, la marée aura le fin mot de l'histoire, à moins de décider nous-même de piétiner l'ensemble, pour un nouveau recommencement.

Autre outil, LE RATEAU et son 244 pourrait nous servir d'antenne, pour nous connecter à la SOURCE (244) initiale. Un outil indispensable donc pour aller retrouver les bonnes INFORMATIONS (442, miroir de 244) ou le 442 de L'OMBRE (179) et de LA LUMIÈRE (263) réunis (179 + 263 = 442) ?

Nous avons la connexion, et nous savons où aller ; de notre pâté de sable, démarrons maintenant la TOUR (240) de notre château. Choisissons LE DIAMÈTRE (240) adapté, notre CRÉATION (240) est à l'œuvre. Nous utiliserons le 291 précédent (soleil + vie), qui est aussi celui de LA GÉOMÉTRIE (291), pour construire notre forteresse, si possible avec « la proportion divine » utilisant le nombre d'OR (102). Creusons une MEURTRIÈRE (333), qui laissera passer la LUMIÈRE (231) de DIEU 102 (231 + 102 = 333) dans LE DONJON (234) ou LE TEMPLE (234) ainsi réalisé.

Pour que tout cela tienne, il nous faudra aussi L'EAU (110), celle de la MÈRE (110), et non de la mer, cette fois. Notons combien « eau » et « mère » vont bien ensemble : le côté féminin de l'eau, le liquide amniotique, l'eau qui berce…

Nous aurons ainsi le SEAU D'EAU et son 224, ou le 2 x 112 du UN, fruit de notre quête. Or, 224 c'est aussi l'HARMONIE, que nous tâcherons de trouver dans notre création. Pour établir le lien avec la légende arthurienne, admirons le clin d'œil du SEAU D'EAU = LANCELOT = 224. À jouer avec les mots, les mots eux-mêmes se jouent de nous.

Nous pouvons maintenant être le ROI (121) de notre château, le 1 et le 2 restent à l'œuvre. Voudrons-nous affronter la MARÉE (111), ou préférerons-nous l'implanter en arrière de la LIGNE DE FRONT (344), qui, avec L'EAU (110), représentera LE FÉMININ SACRÉ (344), permettant de VOIR LE UN (344) ? Si nous acceptons de jouer avec l'eau, et donc la confrontation avec elle, alors nous savons d'avance que nous perdrons, la marée engloutira tout le moment venu. Cette acceptation devient symbolique de LA MORT DE L'EGO (344). Si nous restons trop en arrière, notre roi ne se battra contre rien ou, au pire, finira par piétiner lui-même son château. Même si notre création ne dure pas, cette ŒUVRE ÉPHÉMÈRE (448) est en connexion avec LA CONSCIENCE DU UN (448) ou le 112 du UN (4x112 = 448).

LE FOSSÉ (221), que nous avions ajouté pour protéger un peu plus la muraille en guise de douves, ne suffira plus, et notre château sera SACRIFIÉ (221). Il nous faudra remettre LE CŒUR (221) à l'ouvrage, et recommencer.

C'est un jeu, ou finalement un « je », qui doit nous permettre de retrouver notre véritable « soi », sachant que SOI = 123 = AIMER. À nous, à vous d'en percer le SECRET (204), celui de la Pyramide de KHÉOPS (204), celle qui pourrait devenir notre nouveau modèle de « château » dans les générations futures ?

Photo M. Laveau

NdA : bien après avoir écrit ce texte, nous arrivons un jour avec Katy sur une plage de la Méditerranée. Face à l'entrée que nous avons choisie, un enfant construit un château de sable, en forme de... pyramide ! De mémoire, c'était la première fois que nous voyions un tel « château ».

B) Un peu de réflexion

Réfléchir, c'est le propre du miroir qui renvoie la lumière reçue, et nous verrons que tout est dédoublement et effet miroir. Trouver la lumière, n'est peut-être qu'une question de réflexion, après tout. C'est un peu notre histoire de seau que nous avons renversé précédemment pour construire notre château. Tout s'inverse. Et nous en arrivons ainsi à notre propre réflexion, celle que nous permet notre cerveau. Nous sommes des êtres doués de réflexion, de pensée, alors profitons-en ! D'ailleurs, le propre de l'homme n'est-il pas là, dans cette capacité à réfléchir, à se projeter intellectuellement, à prévoir, concevoir, analyser, déduire, etc. ? Cette réflexion nous pousse à « raisonner », pour que cela « résonne » mieux en nous, à moins que ce qui résonne en nous nous pousse à raisonner... Dans un sens ou un autre, il s'agira de faire le lien entre le cognitif et l'intuitif. Il ne faudra surtout pas confondre ego et mental, et risquer de rejeter ce mental qui peut nous entraîner où nous ne souhaitons, mais, au contraire, le développer dans le sens où il peut nous apporter l'équilibre entre ressentis, intuitions et capacité à comprendre ce qui se passe en nous ou à l'extérieur de nous. La voie est difficile, mais elle est le gage d'énormes satisfactions, car nous sommes alors en paix avec nous-même.

Que nous dit la primosophie à ce sujet ?

RÉFLÉCHIR = 213 (nous retrouvons les chiffres 1-2-3), un nombre qui nous renvoie au CORPS (213). Le 213 ne serait qu'APPARENCE (213). C'est la BARRIÈRE (213) du corps ou de l'apparence qu'il nous faudra franchir pour trouver le JARDIN D'ÉDEN (213) ou, finalement, LE PARADIS (231) plein de LUMIÈRE (231). C'est une option qu'il nous faut envisager, d'autant plus que LA RÉFLEXION = 333, n'est autre que DIEU + LUMIÈRE (333). Et la réflexion reste, nous dit-on, le siège du CERVEAU GAUCHE, 333 aussi. Cette association côté gauche et lumière pourrait paraître contre-intuitive dans la mesure où la lumière serait plutôt à rapprocher de l'intuition, et donc du côté droit, ce qui est bien confirmé par LE DROIT (231) = LUMIÈRE (231). Quelle est donc cette lumière côté gauche, associée à Dieu qui plus est ?

La réponse est dans LE GAUCHE (150). C'est aussi LE UN (en lien avec le divin), mais surtout la LUNE (150). Or, la Lune reflète la lumière du Soleil. La lumière qui apparaît donc dans le 333 du CERVEAU GAUCHE ou DIEU + LUMIÈRE n'est, en fait, que le reflet de celle du Soleil, autrement dit, de la lumière venue de l'intuition.

Si notre cerveau gauche prend conscience qu'il est en connexion avec LE UN, dans ce jeu de miroir, alors il va pouvoir retrouver la LUMIÈRE (231), à travers l'ANALYSE (231) de ses PENSÉES (231), ce à quoi nous invite la primosophie.

Curieusement, le CERVEAU DROIT nous ramène, lui, à quelque chose de plus terre à terre, avec un 414 où le 4 est lié à la Terre, à l'incarnation, à une notion de carré, censé être plus un attribut du cerveau gauche. Nos INTUITIONS (448) seraient-elles aussi liées au 4 et au 1, avec un 448 nous donnant 4x112, autrement dit 4 fois le UN (112) ? Le 4 est le chiffre symbolique de LA TERRE, qui n'est autre que le 231 de la LUMIÈRE.

Au centre du cerveau, reliant le cerveau droit et le cerveau gauche, nous trouvons le CORPS CALLEUX (440) : il fait le pont avec LA SOURCE DIVINE (440) et l'APPEL À LA MÈRE DIVINE (440). Cette connexion avec le FÉMININ (175) se retrouvera dans la partie antérieure de ce corps calleux, nommée GENOU (175), alliance du « je » et du nous ». C'est la partie du cerveau qui assure le transfert des informations entre les deux hémisphères cérébraux.

Quoi qu'il en soit, notre CERVEAU (221) doit pouvoir se connecter avec LE CŒUR (221). C'est le lien entre la réflexion, l'analyse et l'intuition, en lien avec l'énergie d'amour. COGITER (211), au sens latin originel du terme, de « méditer », pourrait nous mener vers la SAGESSE (211) et l'AMOUR (211), afin de retrouver LA VRAIE LUMIÈRE (422) ou 211 + 211. Tout est donc bien, encore une fois, dans les nombres inscrits dans les mots.

Ce que la démarche primosophique nous offre, c'est justement cette capacité de notre cerveau gauche à construire sur des constats réels (des mots, des nombres), à penser, à analyser, à déduire, et donc nous apporter de la réflexion. Ainsi, en nous appuyant sur ces éléments concrets, même s'ils nous semblent parfois improbables, nous pouvons réaliser ces ponts avec notre intuition qui nous relie à un monde plus subtil, invisible. Lorsque nous avons réuni le « raisonner » et le « résonner », le cognitif et l'intuitif, alors notre champ de conscience s'agrandit, nous prenons davantage la mesure de ce que nous sommes. L'intuition seule ne suffit pas, le juste milieu, pour nous êtres incarnés dans la matière, est de l'intégrer aussi dans notre raison, non pas dirigée vers un matérialisme à outrance qui nous éloigne de la source de cette lumière, mais doit tendre à nous en rapprocher. C'est ce chemin que nous venons de parcourir sur Terre : prendre conscience de cette « lumière », que nous pouvons ressentir sans la comprendre, et associer à une énergie d'amour, à la base de la création. Dès lors, il n'est pas étonnant que LA PRIMOSOPHIE (431) nous dise aussi CONSCIENTISER (431).

C'est une approche qui nous permet de garder cet ancrage nécessaire, une connexion à la Terre, tout en côtoyant le monde des étoiles. Allier les deux s'avère jubilatoire, car notre être est alors comblé sur les deux plans : il tend à comprendre ce qu'il ressent, ou pousse à ressentir ce qu'il est en train de comprendre. Entendons-nous bien : nous ne pourrons sans doute jamais comprendre ou expliquer l'inexplicable, mais nous pouvons toujours aller plus loin pour alimenter notre champ de conscience, propre à nous faire grandir.

Revenons à la lumière, sur un plan plus concret. Ce qui nous permet de réfléchir la lumière, c'est LE MIROIR (274). 274 représente aussi la POLARITÉ (274). Le plus et le moins, le yin et le yang, etc. L'image s'inverse pour nous faire voir une AUTRE RÉALITÉ (396). C'est la LUMIÈRE D'ISIS (396) réfléchie, c'est L'AMOUR DE LA MÈRE (396), entendons ici, le féminin sacré. Cette lumière nous la percevons à travers L'ŒIL (131), qui n'est autre que LA FEMME (131). Avec L'ŒIL DE LA FEMME (274), nous retrouvons notre miroir. Et si notre œil a la particularité d'inverser l'image, alors une IMAGE INVERSE (344) rejoint LE FÉMININ SACRÉ (344). Voilà une piste qui nous renvoie au principe féminin que nous développerons plus loin et sur lequel nous devrons focaliser quelque peu, sachant qu'une bonne accommodation de nos yeux placera notre POINT FOCAL (306) au bon endroit, pour nous guider vers ce FÉMININ SACRÉ (306).

Cette lumière passe d'abord par notre CRISTALLIN (332). Il nous plonge alors dans l'OBSCURITÉ (332). Nous perdons la LUMIÈRE (231), mais pour mieux trouver, sans doute, LA VRAIE LUMIÈRE (422), celle de l'AMOUR (211) + SAGESSE (211), celle d'ISIS + OSIRIS (422), les principes féminin et masculin réunis. Entendons aussi en langage des oiseaux « Christ-à-l'un », une invitation à aller chercher dans cette obscurité notre Christ intérieur, notre 1. Notre Cristallin / « Christ-à-l'un » serait-il LE SAINT GRAAL (332) ? Le 1 retrouvé nous fera-t-il passer du 332 de l'OBSCURITÉ au 333 de DIEU + LUMIÈRE ? Nous retrouvons la lumière avec la conscience du divin ou, pour le moins, la conscience de notre nature spirituelle.

Nous étudierons tout au long de cet ouvrage de nombreux autres effets miroir tels que UN (112) / AMOUR (211), DIEU (102) / LUCIFER (201), LE CŒUR (221) /FILS (122), le fils en référence à Horus, fils d'Isis et d'Osiris, ou encore au Christ, HORUS (251) / SETH (152). Pour dernier exemple, LE NOMBRE PREMIER (462) / LA VÉRITÉ (264) : une PREUVE (264) de la pertinence de ce code primosophique ?

Voilà « matière à réflexion », encore une expression qu'il nous faut entendre autrement : MATIÈRE À RÉFLEXION = 499 = AU CENTRE DE LA TERRE. LA TERRE (231), où nous vivons l'expérience de l'incarnation dans la matière, nous redit bien LUMIÈRE (231), et c'est au centre que nous la retrouverons. C'est notre lumière qui se réfléchit par le cristallin et nous plonge dans l'obscurité de la matière.

Le CENTRE (222) nous rappelle qu'il nous faut PENSER (222), donc réfléchir, pour trouver les PENSÉES (231) qui nous ramèneront à cette LUMIÈRE (231). Devenons de vrais alchimistes qui sauront la découvrir au sein de la matière.

Ne négligeons donc pas LE MENTAL (222), il permet cette voie du milieu qu'il nous faudra trouver. LA VOIE DU MILIEU (434), c'est avant tout trouver LA LUMIÈRE EN SOI (434). 4-3-4 : un beau nombre palindrome, qui pose bien les choses sur la Terre (symboliquement le 4), de chaque côté du ciel (symboliquement le 3), telle est la nature de cette voie du milieu : être ancré dans la matière (du 4) et recréer le lien avec le monde éthérique (du 3), de la trinité.

C) Partons de rien, de zéro

« Au commencement était le verbe » est-il écrit (Évangile de Jean, 1-1). Pour commencer, il faut une source ou, du moins, ce qui va permettre l'émergence de ce qui commence. C'est là que peut symboliquement intervenir le zéro. Tout part de lui : il va engendrer les neuf premiers chiffres à la base de toute la Création.

C'est un chiffre qui a la particularité d'exister, mais qui en même temps ne vaut rien, puisqu'il est égal à zéro. Il représente ainsi ce qui existe et ce qui n'existe pas. Il n'est rien mais possède tout le potentiel de création en lui, qui peut s'exprimer grâce aux neuf chiffres. Si tout est exprimé à travers le 9, alors nous revenons à zéro, comme nous l'indique la numérologie classique, qui compte en base 9, et selon laquelle 9 = 0. Retour à la case départ, c'est l'alpha et l'oméga que nous étudierons plus en détail un peu plus loin.

Nous pouvons aussi voir le zéro comme un cercle, lui-même construit avec le nombre Pi. Pour ce faire, nous partons d'un diamètre, qui, en le multipliant par Pi, nous donne la circonférence du cercle. Le paradoxe de cette opération simple est qu'elle nous donne une figure finie à travers un cercle fermé, mais dont la mesure est infinie puisque Pi est infini (pour ce que nous en savons aujourd'hui…).

Ainsi, nous pourrions comparer notre Univers au zéro : un espace infini, mais en expansion, nous dit-on. Aurait-il une limite ? Il a été créé, mais à partir de quoi ? Ce quoi était dans quoi ? Cette impossibilité de représentation mentale de notre Univers se retrouve finalement assez bien dans la simple formule du zéro : le créé et l'incréé, le fini et l'infini.

Comme nous l'avons déjà évoqué, le zéro engendre tous les autres chiffres. Le zéro ne valant rien, nous pouvons l'additionner à n'importe lequel de ces chiffres ou nombres qui s'en suivent, ces derniers ne changeront pas. Le zéro est là mais reste neutre. En revanche, une multiplication par zéro nous ramène immédiatement à 0. Notons que la division par zéro est impossible. Nous ne pouvons que nous fondre totalement en lui…

Regardons maintenant du côté de l'Égypte, et nous observons que le Dieu Râ, ou Atoum-Râ, le Dieu des Dieux, est représenté par un cercle qui signifie visuellement pour nous le « zéro ». De là, nous voyons que la notion de Dieu créateur de l'Univers nous renvoie au nombre Pi, qui nous permet de construire un cercle, et c'est le nombre clé de la grande Pyramide, son angle 51° 51'[2] dont la tangente est égale à 4/Pi.

Le zéro, c'est aussi, peut-être, « l'œuf cosmique », l'origine du monde dans de nombreuses civilisations. C'est celui déposé par l'oiseau mythique Bennou sur le tertre originel ; pour les taoïstes, un œuf d'où émerge le dieu Pangu se brise en deux pour donner le Ciel et la Terre. Dans les textes sanskrits, il est évoqué un cosmos en forme d'œuf, le *brahmanda*. C'est ce zéro, ou cet œuf, qui peut nous aider à donner une image de l'Univers, indescriptible en son essence.

Dessinons notre zéro sous forme d'un CERCLE = 110, qui signifie aussi MÈRE (110). En considérant le zéro comme étant LE VIDE (142), nous revenons à LA MÈRE (142). Elle nous renvoie inévitablement à la source qui nous porte et engendre. LE ZÉRO (244) rappellera d'ailleurs parfaitement ce lien avec la SOURCE (244). Le 110, c'est le 1 qui s'exprime doublement, avec le zéro à côté, pour nous donner un total de 2 (1 + 1 + 0 = 2). Ainsi, dès que nous voulons représenter par un cercle le zéro, nous voyons poindre le 1 et le 2. Pas étonnant dès lors que DIEU = 102.

Considérer graphiquement le zéro comme un ROND (148), revient à dessiner LE CERCLE = 148. Ce 148 nous apporte cependant la notion de VERBE (148), celui du commencement. « Au commencement était le Verbe », pourrait donc se traduire « Au commencement était le cercle » ou, par voie de conséquence, « au commencement était le zéro ». Vouloir représenter le zéro par un cercle, c'est aussi dire qu'il existe et lui donner un nom.

Quant au mot CIRCONFÉRENCE, associé au cercle, c'est 303, que nous retrouvons dans SAINT MICHEL, qui unifie DIEU (102) et la DUALITÉ (201), autrement dit, symboliquement, le « un » et le « deux ». DIEU lui-même est représenté par le zéro tenant de chaque côté le 1 et le 2. Nous voyons ainsi que 1 et le 2 sont

---

2. Signalons que d'autres calculs donnent un angle de 51° 50'.

complètement indissociables de la création initiale, à tel point que le mot PÈRE = 120. Partis de la Mère, nous arrivons au Père.

Nous avons évoqué LE VIDE (142), relié à LA MÈRE (142). Nous avons aussi le mot VIDE (104). Voyons-y une partie du ZÉRO, dans le ZE (104), l'autre partie étant RO ou l'OR (102) de DIEU (102). Ainsi, la SOURCE (244) ou le ZÉRO (244) sont à la fois vide et Dieu. Il fallait « OZER » cet assemblage, la primosophie nous le permet… Continuons à jouer avec les lettres de ZÉRO et trouvons l'anagramme ROZE, où nous pourrons entendre ROSES (231), à mettre en relation avec la LUMIÈRE (231).

Cette grande question du « commencement » de toutes choses nous taraude depuis toujours. Qui n'a pas fait cet exercice d'essayer de comprendre comment le premier œuf de poule a pu apparaître, sans qu'une poule ait été là auparavant ? Comment celle-ci a été poule sans avoir été œuf ? Qui d'entre nous n'a pas cherché à comprendre comment le monde a pu se créer ? Comment arriver à quelque chose à partir de rien ? Nous restons sans réponse, mais cela ne doit pas nous empêcher de partir dans cette quête du « commencement », tels nos chevaliers de la table ronde partis en quête du Graal. Même si nos « chevaliers » modernes et scientifiques ont imaginé un Big Bang, qui semble nous rapprocher de ce commencement, nous ne savons toujours pas d'où vient la matière qui a créé l'Univers. Et pour cause : il nous est absolument impossible de concevoir l'avant-Création, tout autant que l'infini, grand ou petit. Nous pouvons tenter de ressentir cet infini, ce zéro en nous, mais c'est vite le vertige qui peut nous paralyser, ou une forme de béatitude en nous fondant dans ce vide.

La primosophie, sans avoir la prétention de répondre à tout, nous offre un éclairage particulier et, surtout, la magie et l'humour que les mots et expressions recèlent parfois au plus profond d'eux-mêmes. Il s'agit bien là de jouer avec les mots et les nombres. Ce jeu en vaut la chandelle, s'il nous apporte de la lumière. Comme LUMIÈRE = 231 = LA POULE, alors qu'un ŒUF = 132, qui était au commencement ? La poule, associée à Dieu, nous mènera au 333 (231 + 102), un nombre qui nous parlera tout au long de cet ouvrage et qui, humour oblige, nous livre aussi LE COQ FRANÇAIS (333) ! Cocorico ! L'heure du réveil approcherait-il ? LE CHANT DU COQ (342) va-t-il nous ramener vers la CONSCIENCE DE DIEU (342) ?

3. De A à Z, en passant par l'alpha et l'oméga, l'aleph et le tau
A) De A à Z

Nous ne pouvions finir cette entrée en matière sans évoquer ce que porte l'ensemble de nos lettres. Si DE A À Z = 111, ce rappel à la Trinité est-il le fruit du hasard ? Cette quête de l'unité, à laquelle nous invite la primosophie et ses nombres premiers, s'inscrit dans ce qui globalise l'ensemble de nos vingt-six lettres, avec cette expression « de A À Z ». Ce 111 nous signifie aussi la LIGNE (111). Nous aurons l'occasion de voir plus loin que cette ligne est l'axe de notre propre verticalité.

De son côté, le cumul des vingt-six lettres, ABCEDEF....XYZ = 1061 = LES QUATRE ÉLÉMENTS EAU AIR TERRE FEU, un bel assemblage de ce qui constitue la vie. Notre ALPHABET (204) cachait bien son SECRET (204).

Prenons-le numériquement à l'envers : 204 devient 402, et nous revoilà AU COMMENCEMENT (402). Le total fait 606.

Avec le LANGAGE FRANÇAIS (303) et son miroir 303, nous obtenons un nouveau 606. Nous constatons que nous ne pouvons échapper à la PHILOSOPHIE DE LA SAGESSE (606), à rapprocher de la SAGESSE DU UN (431), qui n'est autre que... LA PRIMOSOPHIE (431).

Allons encore plus loin, en établissant le lien avec les étoiles qui ont guidé toutes mes recherches préalables sur la Grande Pyramide, à savoir Sirius et Orion. L'étoile la plus brillante de notre ciel est Sirius-A, celle dédiée à la déesse Isis, tandis qu'Orion l'est à Osiris. Repérons l'étoile ORION-Z (Zeta Orionis), qui n'est autre qu'Al Nitak, l'étoile la plus brillante du baudrier formant ce qui est nommé aussi la ceinture d'Orion, avec ses trois étoiles centrales, et représentée au sol de Gizeh par la Grande Pyramide.

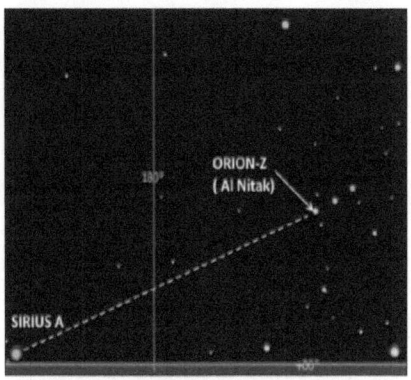

De A à Z devient DE SIRIUS-A À ORION-Z, totalisant de nouveau 606. Sachant que ORION = 205 = UNITÉ, il y a matière à s'interroger sur le rôle de cette constellation. Quant à SIRIUS-A (291), elle nous renvoie à l'ESPRIT (291) et vers LE SAINT CALICE (291), fruit de notre quête d'unité.

Ces jeux de miroir nous incitent à voir les choses de A à Z (111) ou de Z À A (111), soit 222. Cet exercice nous ramène vers LE CENTRE (222). Au centre de notre alphabet, nous sommes entre la 13e et la 14e lettre, ce qui nous rappelle les quatorze morceaux d'Osiris, dont Isis n'en retrouva que treize. Nous sommes entre le M et le N, entendons-là entre « aime » et « haine », entre l'amour et la haine. L'équilibre est subtil, mais il est au centre, là où nous observerons les deux faces de chaque chose, pour choisir celle que nous voulons voir ou expérimenter.

B) De l'alpha à l'oméga

Pourquoi parle-t-on de « l'alpha à l'oméga » ? Cette expression vient du grec, dont l'alphabet démarre par l'alpha (le A) et se termine par l'Oméga (le W). Partis du A, nous avons atteint l'objectif final de l'équivalent du Z en français. Elle nous est très certainement restée, car elle est inscrite par trois fois dans la Bible et l'Apocalypse de Jean, où le Christ s'exprime : « Je suis l'alpha et l'oméga, le premier et le dernier, le principe et la fin » (Apocalypse XXII-13), en parlant de Dieu : « Je suis l'alpha et l'oméga, dit Seigneur-Dieu, celui qui est, et qui était, et qui vient, le Tout-Puissant » (Apocalypse I-8), et dans une troisième évocation : « Je suis l'alpha et l'oméga, le commencement et la fin » (Apocalypse XXI-6).

Ces phrases bibliques vont dans le sens de nous signifier que Dieu contiendrait à la fois le commencement et la fin. C'est précisément ce que nous allons étudier à l'aide de la primosophie. Commençons par le commencement.

De l'alpha...

L'alphabet grec compte vingt-quatre lettres, dont l'alpha correspond au A et constitue la première lettre, tandis que l'oméga, la dernière, correspond au W, et non le Zêta ou le Z en français. En primosophie, ALPHA = 97, ce qui est, curieusement, le nombre du Z (97). Autrement dit, l'alpha, l'équivalent de notre première lettre A, devient Z, la dernière ! Nous allons ainsi directement de A à Z grâce à ce curieux jeu de transmutation du mot grec *alpha*. Aurions-nous ici une forme de traduction de l'expression « les premiers seront les derniers » (Matthieu-XIX-30) ? Nous pourrions même penser que « Les premiers » font référence aux nombres premiers... Quoi qu'il en soit, l'alpha porte en lui le commencement (A) et la fin (Z) en le transposant dans notre alphabet français.

...à l'oméga

OMÉGA = 101. Nous voilà au tout premier nombre premier dans la série des centaines, et commençant par 1. L'alpha nous donne Z, l'oméga nous donne ici le 1 dans la centaine et nous renvoie donc au A. Par ailleurs, le nombre 101 suit le 97 dans la liste des nombres premiers. Oméga devient ainsi A en tant que 1 en considérant qu'après la dernière lettre, nous revenons au point de départ. Le 1 du 101 nous invite à ce redémarrage, mais dans la centaine : « ... et les derniers seront les premiers » (Mathieu XIX-30). L'oméga porte en lui la fin (la dernière lettre grecque) et le recommencement (le 1 ou le A).

Allons de l'alpha à l'oméga

L'expression DE ALPHA A OMÉGA = 211 = AMOUR = SAGESSE. La différence avec l'expression DE A À Z (111) est donc de 100 ; c'est l'ŒIL (100), celui qui inverse les images. Ajoutons, par conséquent, le miroir « de l'oméga à l'alpha », et revenons au départ.

Et de l'oméga à l'alpha... à la Grande Pyramide

Voyons dans le 111 le mot LIGNE (111). Une ligne qui représente le DIAMÈTRE (202) ou encore 2 fois le 101 de OMÉGA. Une invitation à réaliser une deuxième boucle, celle du retour de l'oméga à l'alpha.

Nous recréons un nouveau 211 de DE OMÉGA A ALPHA, soit 422 (2x211) de AMOUR + SAGESSE, qui nous dit aussi VERS LE CENTRE (422). Or, DE A À Z + DE Z À A = 2x111 = 222 ; voilà qui nous ramène justement vers LE CENTRE (222). Le sommet de la Pyramide est pointé vers le centre.

Nous allons mieux comprendre ces deux boucles alpha-oméga / oméga-alpha. Pour cela, visualisons le premier point partant de l'ALPHA (97), décrivant un cercle pour revenir au même point, mais devenu OMÉGA (101), comme s'il venait se superposer au-dessus, sur un autre plan (nous passons des dizaines à la centaine). Nous pourrions dire que ce cercle a 4 de circonférence (le passage de 97 à 101). Ainsi, son diamètre de 4/Pi, un nombre inscrit dans le Grande Pyramide (tangente de l'angle = 4/Pi). Ce détour a le mérite de nous montrer que notre alpha-oméga / oméga-alpha renferme une somme de connaissance incroyable, à la vue de tout ce que renferme la Grande Pyramide.

L'oméga, dernière lettre de l'alphabet grec, correspond à notre W français. Or, W = 79, un nombre dont le miroir 97 nous rappelle justement la dernière lettre Z.

Le retour à l'alpha se fera par une deuxième boucle, dessinant ainsi un tore ou une lemniscate, un huit couché.

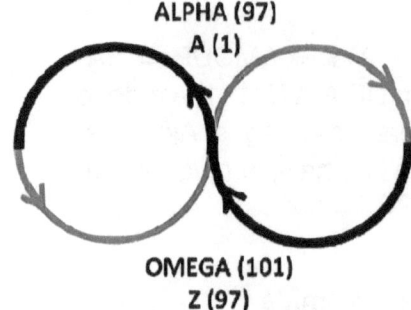

Ce W nous indique encore un autre aspect du mouvement décrit par les deux boucles. Il forme les deux demi-cercles du bas, tandis que son miroir referme les cercles par un M. Ce W nous amène ainsi à considérer un effet miroir, alors que nous avions préalablement un dédoublement de la boucle – dédoublement et effet miroir seront les deux principes de base que nous retrouvons partout.

Continuons cette étude par la somme ALPHA + OMÉGA, soit
97 + 101 = 198.
Nous avons ici l'équivalent du mot PIERRE (198), dans lequel nous allons entendre Pi-R, soit le de-

mi-cercle (la circonférence d'un cercle = 2.Pi.R), celui que nous avons dessiné en double, dans le W. Comme DOUBLE V = 232, soit aussi l'expression DEUX PI (232), nous avons bien finalement « deux pi-erre » ou 2.Pi.R, soit la circonférence totale du cercle ! La boucle est bouclée. Nous ne devons pas être loin du 232 de la VÉRITÉ.

Et comme nous avons deux boucles (alpha-oméga, oméga-alpha), nous avons 2 x 198, soit 396. Nous voilà dans l'éternel RE-COMMENCEMEMENT (396), qui nous rapproche de L'AMOUR DE LA MÈRE (396). Nous verrons l'importance un peu plus loin de ce retour à la Mère, au féminin sacré.

C) De l'aleph au tau, ou tav

Si nous prenons maintenant les lettres hébraïques, aleph sera la première lettre et tau la dernière. Ce tau représente dans la tradition hébraïque la petite mort de nos anciens schémas, de nos croyances, pour renaître à un nouveau départ qui mènera à aleph, à l'unité. Le parcours inverse s'impose, DE Z À A (111) ; or, les lettres hébraïques sont toutes associées aussi à des nombres, et l'aleph est justement associé au 111.

De A à Z, de l'alpha à l'oméga deviennent ici de « aleph au tau ». ALEPH sera LA FIN (103), mais tau nous réserve d'autres surprises. Il représente notre T ou LE TÉ, qui est égal à 112 ou UN. Notre dernière lettre devient le 1 ! Voilà qui nous rappelle le Z correspondant à l'alpha. Écrit sous la forme LE T = 105, nous retrouvons la référence au GRAAL (105).

Au risque de nous entêter un peu, découvrons que LE TAU (177), correspond aussi à SANTÉ (177), où nous entendons, paradoxalement, « sans-té ! ». Ce 177 nous révèle aussi ce qui est PUR (177). Il ne reste qu'à ajouter le TÉ supprimé pour retrouver la PURETÉ (258) de la DÉESSE-MÈRE (258).

Attachons-nous maintenant à la symbolique du tau. C'est la croix, la marque sur le front : « L'Éternel lui dit : Passe au milieu de la ville, au milieu de Jérusalem, et fais une marque d'un tav sur le front des hommes qui soupirent et qui gémissent à cause de toutes les abominations qui s'y commettent. » (Ez. 9:4). Le tau ou tav est ainsi le symbole qui, placé sur le front des pauvres d'Israël, les sauve de l'extermination. Or, LE SAUVÉ = UN TAU = 251. Et 251, c'est aussi la GLANDE PINÉALE placée au milieu du front. Donc si nous ajoutons ce UN devant tau, nous sommes sauvés ! Notre troisième ŒIL (100) va pouvoir s'ouvrir et laisser entrevoir la lumière du fils, celui d'Isis, représenté par HORUS, 251 lui aussi. L'ŒIL (100) et le TAU (139), correspondent à LA CROIX (239) sur le troisième œil.

Ainsi, ajoutons la croix, ou le X à tau. LES TAUX et son 321 nous permettent d'établir la CONNEXION (321) ou d'atteindre la LIBÉRATION (321). TAUX seul = 222, nous ramène vers LE CENTRE (222).

Enfin, le tau en grec, est aussi le TAV (141) hébraïque. Retrouvons là le 141 de l'HOMME. Il représente le début de l'initiation, alors que c'est la dernière lettre, soit L'ÉTOILE DE VÉRITÉ (449) un 449 qui nous rappelle ESPRIT SAINT, JÉSUS CHRIST, LA CROIX D'ORION.

Si l'aleph représente dans la Thora la fin du parcours (le retour au 1), dans le langage, le commencement se fait par le *Bereshit*, constituant le premier mot de la Thora dans laquelle s'inscrit LA LOI DE DIEU (239), avec BERESHIT = 239 aussi. En PREMIER (235), nous avons la lettre B, la DEUXIÈME (236) de l'alphabet, qui évoque pourtant dans ce deux la notion de L'UNITÉ (236). 2 et 1 sont réunis dans ce commencement, à l'image de DIEU (102). Quant à la Bible traduite en français, elle nous dit « Au commencement », et démarre donc par un A, la PREMIÈRE (242) lettre de notre alphabet, qui nous parle ni plus ni moins de L'AMOUR (242).

Unité et amour, voilà le b.a.-ba de la primosophie.

D) Conclusion

Nous constatons que de l'alpha à l'oméga, de A à Z, de l'aleph au tau, que ce soit en grec, en français ou en hébreu, nous retrouvons toujours cette notion de cycle, de retour au 1 dans une spirale évolutive, qui part du COMMENCEMENT (303) et nous incite à RECOMMENCER (303). C'est cette alliance du 102 (DIEU) et du 201 (LUCIFER) de l'unité et de la dualité, symbolisée par SAINT MICHEL (303), qui nous permettra d'atteindre LA FIN (103), en retrouvant l'ALEPH (103). S'agit-il d'un éternel recommencement ?

Notre ALPHABET FRANÇAIS (369) nous livre ici son message UNIVERSEL (369), un message empli d'ÉNERGIE D'AMOUR (369), sachant que 369 = AIMER (123) x 3. Ce 123 d'AIMER représente les trois premiers nombres premiers. Il s'agit, là encore, d'une signature qui nous montre l'importance de réintégrer le 1 dans la série des nombres premiers. L'addition UN (112) + DEUX (166) + TROIS (249) = 527, qui serait aussi LE MESSAGE DU CHRIST (527).

C'est UN-MESSAGE D'AMOUR (515), qui nous renvoie sur LE PRINCIPE PREMIER (515) et nos LETTRES DE L'ALPHABET (515).

Sachons décrypter notre langage, et laissons les mots agir au plus profond de nous.

4. Décryptage de la Grande Pyramide et des étoiles
A) Le message de « la Grande Pyramide »

La Grande Pyramide serait liée à KHÉOPS (204), celui qui détient le SECRET (204), qu'il nous importe ici de révéler. Nous venons de constater que passer DE ALPHA À OMÉGA (211) nous entraîne vers l'AMOUR (211). Si nous avons la SAGESSE (211) de revenir à l'alpha, nous obtenons le total de 422. Tels sont les premiers messages de LA GRANDE PYRAMIDE (422) : associer AMOUR (211) + SAGESSE (211), voir une face des choses DE ALPHA À OMÉGA (211), mais aussi l'autre face inversée : DE OMÉGA À ALPHA (211).

Ce 422 nous indiquera d'autres messages au cours de cette étude. Nous avons évoqué l'expression VERS LE CENTRE (422), peut-être là où se trouve LA VRAIE LUMIÈRE (422)… Nous aurons l'occasion d'y revenir.

Or, 422 est aussi l'association de ISIS (160) et d'OSIRIS (262) ; les voici unis au sein de LA GRANDE PYRAMIDE (422). Ils représentent le COUPLE SACRÉ (333).

Quant à Khéops, il n'est sans doute pas là par hasard, étant donné que LA PYRAMIDE DE KHÉOPS (512) nous redit cette alliance masculin-féminin à travers l'expression LE PÈRE AU SEIN DE LA MÈRE (512), avec cette précision que la MÈRE (110), associée au CERCLE (110) contiendrait donc le PÈRE (120). Ils formeront tous deux LA SPHÈRE (230), l'union MÈRE + PÈRE (230).

B) Hauteur et base de la pyramide

© Mikhail Nekrasov | Dreamstime.com

Ce 230 nous renvoie à l'ÉGYPTE (230), et nous allons retrouver précisément la base de notre pyramide, celle-ci étant justement de 230 m (autour de 230,3 m). Chacune de ces bases pointe vers le sommet. Ensemble, elles permettent de construire la pyramide. C'est ainsi que LES BASES (231) nous permettent de retrouver la LUMIÈRE (231). Elles nous proposent d'aller trouver d'abord la lumière en bas, du côté de LA TERRE (231), là où elles sont posées. Ainsi, les quatre bases, à même le sol, sont une véritable révélation. En effet, la pyramide est posée sur un socle d'une cinquantaine de centimètres (une coudée). La base totale, incluant le socle avec son rebord, est ainsi d'un peu plus de 231 m (231,392571 m théorique, d'après Georges Vermard). Nous y lisons le 231 de la LUMIÈRE. Pour la retrouver, il nous faudra symboliquement partir de la base posée à-même le sol et s'aligner sur l'axe vertical central nous menant au sommet.

Notre grande pyramide fait partie d'un ensemble localisé sur le PLATEAU DE GIZEH (390), qui nous dit, comme par enchantement, GRANDE PYRAMIDE (390), mais aussi CATALYSEUR (390). Or, GIZEH = 153 = ÉNERGIE. Il semblerait donc que la primosophie vienne renforcer l'hypothèse d'une sorte de centrale à énergie qu'auraient utilisée les bâtisseurs. Une hypothèse qui reste à creuser quand nous découvrons que L'ANODE + LA CATHODE = 303, notre alliance de DIEU (102) et de LUCIFER (201), pour faire le pont Terre-Ciel, entre le monde du visible et le monde de l'invisible.

Quoi qu'il en soit, notre pyramide nous incite à prendre de la HAUTEUR (293), soit 2 x 146,5. Serait-ce une allusion à peine déguisée à la hauteur de la pyramide de 146,608 m ? Nous pouvons aussi considérer, en simplifiant un peu, que ce 293 renferme le 146 de la hauteur sur le socle, et le 147 de la hauteur sur le roc (147,132 m). 293 nous donne ainsi LE NOMBRE PI (293), celui-là même qui nous permet de passer de la base à la hauteur de la pyramide : hauteur = demi-base x 4/pi, un 4/pi qui est égal à 1,2732. Notons que LE CAIRE = 127. Quant au 4 de 4/Pi, outre la référence aux quatre bases, c'est LE QUATRE (296), chiffre clé de LA PYRAMIDE (296). Ce sont les QUATRE FACES (440) qui nous renvoient au 4, mais aussi aux 440 coudées de chacune des quatre bases. Un 4 qui, uni au 1 du sommet, nous donne QUATRE ET UN = 444.

C) Ce que nous disent les angles de la pyramide

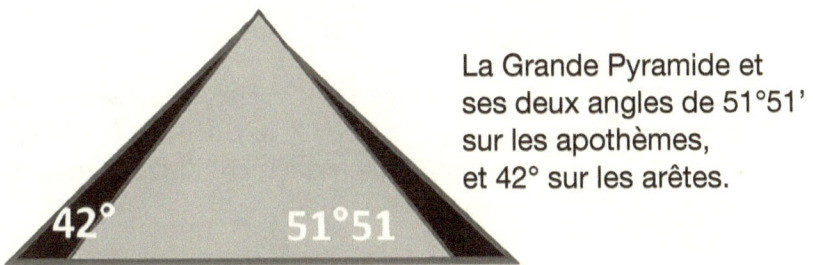

La Grande Pyramide et ses deux angles de 51°51' sur les apothèmes, et 42° sur les arêtes.

Partons de la base et suivons l'angle ainsi formé pour atteindre le sommet. L'angle de 51°51' nous rapprocherait-il de DIEU (102), soit 51 + 51 ? Redescendons par effet miroir vers la Terre. Le 51-51 en miroir nous donne I5-I5, que nous pourrons lire « IS-IS ». Il est curieux de noter que CINQUANTE ET UN + QUINZE (51 et son miroir), nous donne 777, qui allie LE MASCULIN SACRÉ + LE FÉMININ SACRÉ, un 777 pour désigner LA TANGENTE DE CINQUANTE ET UN (777). Une tangente se calcule en divisant la hauteur par la demi-base de la pyramide.

Observons maintenant l'impensable : HAUTEUR + DEMI BASE = L'ANGLE DE LA PYRAMIDE = L'ANGLE DROIT DE LA BASE = 432. Cet angle droit de la base est donc au centre de la Pyramide et nous donne la fameuse équerre à 90°, soit l'AXE SUR LE UN (encore 432) qui nous mène au point sommital du pyramidion.

Le deuxième angle de la pyramide, calculé sur ses arrêtes, nous dit 42°, avec son miroir en 24. Or, QUARANTE DEUX + VINGT QUATRE = 937 = HUIT CENT QUATRE VINGT HUIT (888), qui représente L'ÉQUILIBRE DU MASCULIN ET FÉMININ (888). Rappelons-nous que LA GRANDE PYRAMIDE = 422 = ISIS + OSIRIS formant le COUPLE SACRÉ en 333, voilà qui nous donne à réfléchir quant au message de la Pyramide : non seulement elle nous dit AMOUR + SAGESSE (422), mais nous parle aussi de cet équilibre entre le féminin et le masculin. À nous de retrouver les LOIS DE LA FUSION (444), afin de célébrer LA BEAUTÉ ÉTERNELLE (444) au sein du TEMPLE D'ORION (444), défini par le QUATRE ET UN (444)...

D'autre part, 51 + 15 = 66. De même, 42 + 24 = 66, et 66 + 66 = 132, miroir du 231 de la LUMIÈRE.

Signalons que pour calculer l'angle de 42° des arrêtes, il nous faut d'abord multiplier la base par LA RACINE CARRÉE DE DEUX (444). Nous ne pouvions passer sous silence ce nouveau magnifique 444.

Vers LE SOMMET (290) nous attend l'étoile la plus brillante de notre ciel : SIRIUS (290). Elle est en haut d'un PYRAMIDION (360) LUMINEUX (360), là pour FAIRE LA LUMIÈRE (360). Notons que 360 évoque les 360° d'un cercle, lui-même représentant la Mère.

D) Orion, la porte des étoiles

Orion est au cœur du mystère de la Grande Pyramide, mais que nous dit véritablement cette constellation ?

Notre système solaire est localisé au sein du BRAS D'ORION = 333 = DIEU + LUMIÈRE, avec le fait que BRAS (123) = AIMER (123) ou MARIE (123), figure archétypale du féminin sacré, au même titre que la déesse Isis. Notons que LA VIERGE MARIE = 333, ISIS + VOILE = 333, ou encore LES VOILES = 333, car il faudra sûrement en soulever plus d'un avant d'atteindre, un jour peut-être, la VÉRITÉ (232), anagramme numérique de notre CONNAISSANCE (322).

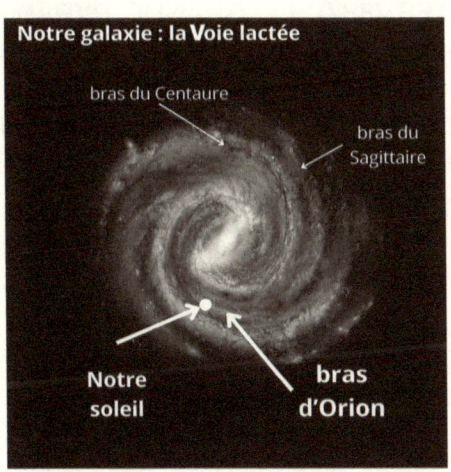

Chaque bras de la galaxie porte le nom d'une constellation.
Notre système solaire, et donc la Terre, se situe
dans le bras dit « d'Orion ».

Le message d'ORION (205) est simple : c'est celui de l'UNITÉ (205). Notre Osiris placé dans cette constellation par les Égyptiens nous parle depuis son monde de la nuit. Il est accompagné par sa sœur Isis, placée dans l'étoile Sirius, proche de lui. Le COUPLE SACRÉ (333) déjà évoqué se retrouve donc dans le ciel, formant ce que nous appellerons une « porte des étoiles ». Nous allons ouvrir cette PORTE (223), pour aller rechercher de l'autre côté, dans le plan divin miroir, la CONNAISSANCE (322). Nous allons tenter de soulever le voile d'Isis pour y découvrir un monde merveilleux.

DÉBUTER DANS ORION (531), c'est bien avoir accès à la PORTE DES ÉTOILES (531). Quant à chercher LA PORTE DES ÉTOILES (563), c'est tenter de SOULEVER LE VOILE (563), de faire le pont entre l'OBSCURITÉ (332) et la LUMIÈRE (231) : 332 + 231 = 563. Alors allons-y, entrons dans le ROYAUME DES CIEUX (563) !

Nous allons OUVRIR LA PORTE DES ÉTOILES (887), pour découvrir qu'il nous faut en premier lieu effectuer LA RÉUNION DES DEUX POLARITÉS (887). LA GRANDE PYRAMIDE (422) nous avait déjà prévenus : aller vers AMOUR + SAGESSE (422), c'est allier ISIS + OSIRIS (422). Unifions ce masculin et féminin sacré en recherchant l'unité, le 1, qui rendra cette réunion des deux polarités en 888 (887 + 1), qui nous dira alors : L'ÉQUILIBRE DU MASCULIN ET FÉMININ (888).

Observons les positions d'Orion et de Sirius depuis Gizeh et en tout début du cycle ascendant d'Orion (-10 444 au vue des données de logiciels d'astronomie) : un rectangle d'or parfait les réunit ! Ce RECTANGLE D'OR (336), construit suivant le nombre de la proportion divine, nous parle bien de LA PERFECTION (336). Sirius nous renvoie sur Orion (205), l'UNITÉ (205) rappelons-le. Or, 336 = RAMÈNE AU UN… Sirius/Isis est là pour nous faire retrouver l'unité. Le féminin sacré doit rejoindre le masculin sacré pour retrouver L'ÉQUILIBRE DU MASCULIN ET FÉMININ (888). C'est L'ÉTOILE (205) qui permet de rejoindre ORION (205), et donc de faire l'UNITÉ (205). Orion, nommée aussi « LE LOIN-

TAIN MARCHEUR » (554), représente LE NOMBRE D'OR EN L'HOMME (554), en lien direct avec LE PRINCIPE CRÉATEUR (554).

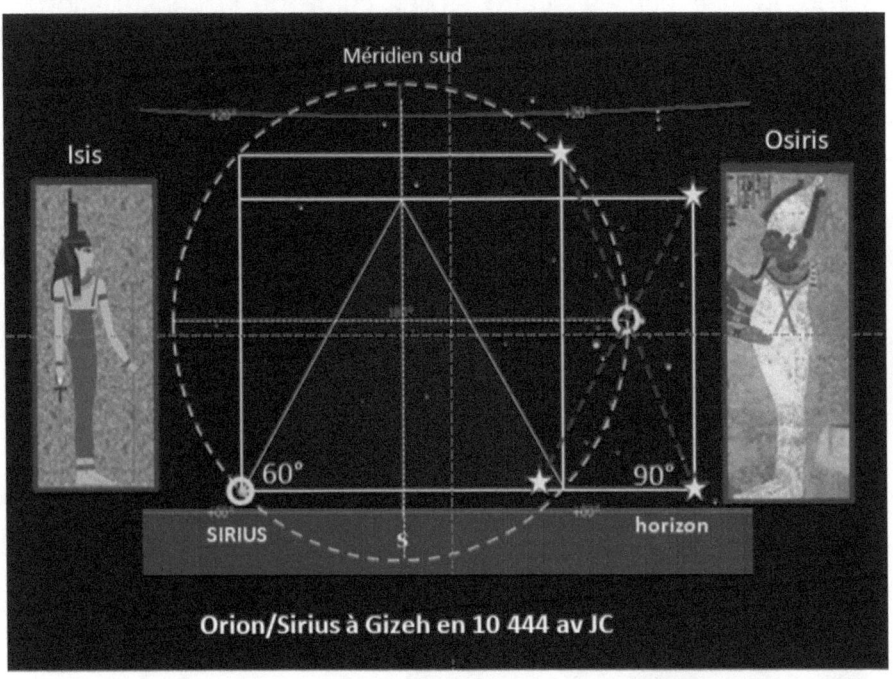

Orion / Sirius en -10 444 av. J.-C. – M. Laveau (2015)

Sirius rejoint Orion en son point de croisement de LA CROIX D'ORION (449), soit l'ESPRIT SAINT (449) ou JÉSUS CHRIST (449). Cette croix est en lien géométriquement avec LE GRAND CHIEN (244), la constellation au sein de laquelle se trouve Sirius, qui va DÉVOILER (244) les mystères de la SOURCE (244).

Or, ce 449 de JÉSUS CHRIST est aussi L'ÉTOILE DE VÉRITÉ (449), soit l'expression du commencement : LE VERBE ÉTAIT DIEU (449). Il nous redit, à sa façon, de REVENIR AU UN (449). C'est ce 449 qui DÉVOILE LA VÉRITÉ (449) à celui qui est en QUÊTE DE VÉRITÉ (449). Quel festival ! Je vous laisse juge de l'importance de notre découverte, abordée tant par la primosophie que par le volet astronomique et mythologique.

Précisons qu'Orion renferme l'angle de 51°51' au sein de la croix formée par les quatre étoiles cadre de la constellation. 51 + 51 = 102 = DIEU. Les deux angles réunis dans cette croix nous donneraient donc 204 (102 x 2), le SECRET, celui que garde jalousement la figure de KHÉOPS (204), associé à notre Pyramide, à défaut d'en être le constructeur.

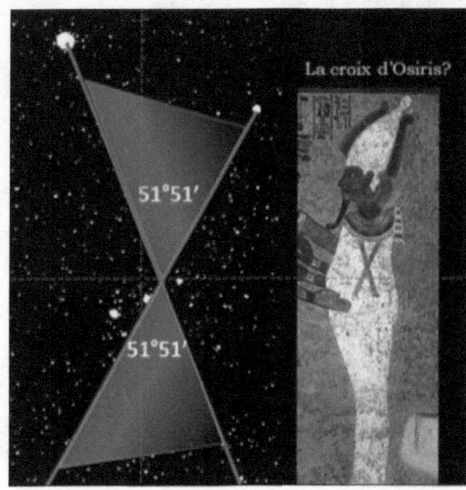

La Croix d'Orion et son angle de la Grande Pyramide de 51°51' – M. Laveau (2010)

Les trois étoiles du baudrier d'Orion, totalisant 545 – AL NITAK (189), AL NILAM (161) et MINTAKA (195) –, et CONSTELLATION (455) nous donnent 1 000 (455 + 545). Toujours notre 1...

CONSTELLATION D'ORION = 665. Nous ne sommes qu'à 1 de notre 666, LE PORTEUR DE LA LUMIÈRE (666), ou de sa version féminine : LA PORTEUSE DE LA CONSCIENCE (666).

Au sein de la constellation, nous avons ce baudrier constitué des trois étoiles centrales, parfois appelées « les trois Maries ». Étonnamment, BAUDRIER D'ORION = TROIS MARIES = 433, des chiffres qui nous rappellent les quatre étoiles cadres et les trois étoiles centrales d'Orion. Le total 4 + 3 + 3 = 10. Le 1 à nouveau... C'est le baudrier, qui telle une poignée de porte, permet d'ouvrir la PORTE D'ORION (433).

C'est donc retrouver cette CROIX D'ORION (449), évoquant JÉSUS CHRIST (449), sachant que LE CHRIST (264) est lui-même associé à la PYRAMIDE (264), directement inspirée d'Orion. Tout se tient.

Ce baudrier pourrait aussi nous dire OSIRIS EN SOI (433), en évoquant LE MASCULIN SACRÉ (433), tout en évoquant le féminin sacré à travers LES TROIS MARIES (433), autre nom donné au BAUDRIER D'ORION (433). LE FÉMININ SACRÉ (344) n'est autre que le complémentaire du 433, pour ensemble réaliser 777 (344 + 433), afin de comprendre et ressentir que TOUT EST DANS LE TOUT (777). Aucun hasard...

C'est de cette union Isis/Osiris que pourra naître HORUS (251), notre CHEMIN ÉCLAIRÉ (251).

En somme, si nous réalisons EN NOUS (264) cette union que nous incite à faire les étoiles et la PYRAMIDE (264), alors peut-être aurons-nous la possibilité de trouver LE CHEMIN ÉCLAIRÉ (251), qui nous guidera dans notre QUÊTE (205) de l'UNITÉ (205).

E) Le plateau de Gizeh

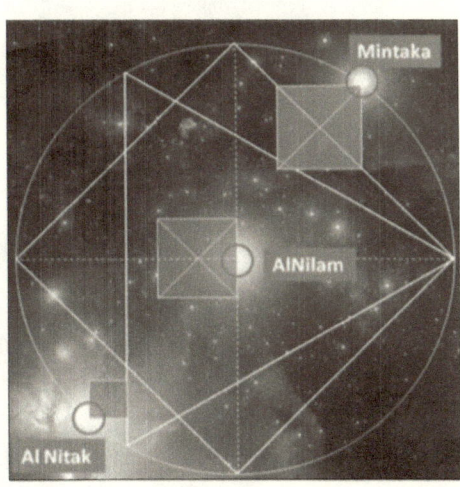

Au sol, les trois étoiles du baudrier sont associées chacune à une pyramide.

Si l'ÉTOILE AL NITAK (363), bien que la plus brillante, correspond à Mykérinos, la plus petite des trois pyramides, c'est peut-être pour nous parler d'INVERSION (363). Elle nous rappelle que tout ce qui est en haut est en bas, mais inversé. Quant à l'ÉTOILE MINTAKA (369), elle détient LA CLÉ PYRAMIDALE (369), c'est la LUMIÈRE SACRÉE (369), et elle correspond à ce qui est UNIVERSEL (369), en nous incitant à VISER LE UN (369). Entre les deux, l'ÉTOILE AL NILAM (335) vient s'intercaler, propre à générer l'UNIFICATION (335).

Nous n'avons pas encore évoqué LE SPHINX (306), qui devra pourtant retenir toute notre attention. Il est une sorte de POINT FOCAL (306), qui nous interroge sur la PLACE DE L'ÉTOILE (306). Si cette étoile est Sirius, dont le mouvement définit des géométries si particulières, il nous interroge alors sur la place du FÉMININ SACRÉ (306), que nous étudierons plus loin.

Si nous cherchons son miroir, en 603 nous tombons sur LA PYRAMIDE D'AVEBURY (603) en Angleterre, une référence ici au plus grand tumulus européen de Silbury Hill, juste à côté du cromlech d'Avebury. Constatons ce que cela donne géométriquement : la ligne reliant les deux points, le Sphinx et Avebury, passe très précisément sur le site de l'abbaye du Saint-Mont dans les Vosges – le point de départ de toutes mes recherches sur la géographie sacrée de la France –, mais aussi dans Amiens, à 200 m de la cathédrale, et sur le centre même de Khéops.

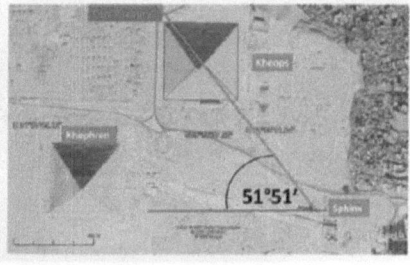

F) Le Soleil : une étoile de lumière

L'addition des sept étoiles d'Orion donne un total de 1 392. C'est peut-être une indication du diamètre solaire de **1 392** 571 km. Le 571 qui suit le 1392 sera LA LUMIÈRE DE LA PYRAMIDE (571). Ajoutons LA GÉOMÉTRIE SACRÉE (429) à cette lumière de la pyramide pour retrouver 1000 (429 + 571).

Une TRIANGULATION (473) au sein de LA SPHÈRE DE LUMIÈRE (473) nous offre une découverte surprenante : LE SOLEIL (230) = LA SPHÈRE (230). Il ne manque plus que 1 à son chiffre de 230 pour devenir une sphère de LUMIÈRE (231)…

Une autre particularité incroyable de cette étoile nous ramène encore à 231.[3] Associons les chiffres 1-2-3-4-5-6 à chacune des pointes de l'étoile et additionnons-les deux par deux, selon toutes les combinaisons possibles :

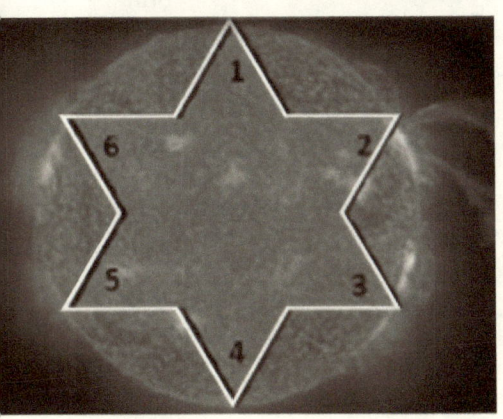

Nous constatons que chacune des additions mène au 231 de la LUMIÈRE. La propriété de L'ÉTOILE À SIX BRANCHES (560) nous renverrait-elle à ce que nous pourrions appeler L'ÉNERGIE CHRISTIQUE (560) ? Un nombre bâti sur le 5, nombre de l'Homme, et le 6, chiffre de l'harmonie et de notre étoile à 6 branches.

Cercle dextrogyre (vers la droite)	12 + 23 + 34 + 45 + 56 + 61	231
Cercle lévogyre (vers la gauche)	16 + 65 + 54 + 43 + 32 + 21	231
Côtés des triangles (sens dextrogyre)	13 + 35 + 51 + 24 + 46 + 62	231
Côtés du triangle (sens lévogyre)	15 + 53 + 31 + 64 + 42 + 26	231
Diamètres	14 + 25 + 36 + 41 + 52 + 63	231
Chiffres dédoublés	11 + 22 + 33 + 44 + 55 + 66	231

---

3. Découverte que nous devons à Sandra Vermard.

Ajoutons le point central à notre étoile, soit le 1 central, et notre 560 devient le 561 de L'ÉTOILE INTÉRIEURE (561). Notre objectif, symboliquement parlant, sera de retrouver cette énergie christique. Il n'est plus étonnant, dès lors, que LE CHRIST = 264 = EN NOUS = RECENTRAGE et... PYRAMIDE.

Quelques mots et expressions remarquables		
BIEN	MAL	69
DIEU	OR	102
LUCIFER	DUALITÉ	201
DIEU + LUCIFER	SAINT MICHEL	303
SATAN	LE DÉMON	171
JÉSUS CHRIST	ESPRIT SAINT	449
LE PORTEUR DE LA LUMIÈRE	LA CONNEXION À SA DIVINITÉ	666
AMOUR	SAGESSE	211
DIEU + LUMIÈRE	LE COQ FRANÇAIS LA RÉFLEXION = CERVEAU GAUCHE LA VIERGE MARIE LES VOILES	333
SOURCE	LE ZÉRO (INFORMATIONS = 442)	244
LA SOURCE DIVINE	APPEL À LA MÈRE DIVINE	440
L'ÉTOILE	ORION UNITÉ DIEU 102 + DIABLE 103	205
LE CENTRE	LE MILIEU	222
DE A A Z	LIGNE	111
DE ALPHA A OMEGA	AMOUR = SAGESSE	211
ALPHA	Z	97
MIROIR	POLARITÉ	274
RÉFLÉCHIR	APPARENCE	213
POINT FOCAL	FÉMININ SACRÉ	306
LUMIÈRE	LE PARADIS	231
PLATEAU DE GIZEH	GRANDE PYRAMIDE	390

PLATEAU DE GIZEH	GRANDE PYRAMIDE	390
LA PORTE DES ÉTOILES	ROYAUME DES CIEUX	563
PRIMOSOPHIE	PRINCIPE DIVIN L'AMOUR DIVIN LA LANGUE FRANÇAISE L'AXE DE LA PYRAMIDE	399
LA PRIMOSOPHIE	LA SAGESSE DU UN MILLE CENT ONZE LA CONSCIENCE EN SOI CONSCIENTISER VERS LA TERRE DONNER NAISSANCE LE MÉRIDIEN DE PARIS	431

Chapitre II

Au commencement, la Genèse

La primosophie nous ramène vite au 1, au point de départ. Aussi est-il logique de voir comment elle s'applique au texte fondateur de notre civilisation, autrement dit, à la Genèse, point de départ de la Création pour les religions monothéistes. Peut-on raisonnablement s'appuyer sur un tel récit, quelque peu abscons par certains passages ? Peut-on imaginer qu'un texte biblique puisse nous dire autre chose au-delà des mots ? À la manière des kabbalistes, qui interprètent la Bible au regard des lettres hébraïques auxquelles ils associent des nombres, tentons de voir ici, grâce à la primosophie, ce que le « commencement » du monde, vu dans la Bible en version française, pourrait nous dire de plus profond.

1. Au commencement était le verbe (ou la parole) – Jn 1-1
Avant d'entrer dans le détail de la Genèse, et puisque nous évoquons la force des mots, forme d'incarnation du Verbe divin, partons de « Au commencement était le Verbe » (ou la Parole), cité dans l'Évangile de Jean. Tout de suite, nous avons « Au DÉPART (186) était LE VERBE (186) ». LE VERBE PREMIER (421) nous entraîne directement au sein du ROYAUME DE DIEU (421). Ce premier verbe nous invite à DÉMARRER DU UN (422), soit 421 + 1. L'ensemencement du 1 nous porte vers le VERBE CRÉATEUR (422), qui sera sans aucun doute celui d'AIMER (123).

422 nous en dit long : LE JOUR DU UN (422), AMOUR (211) + SAGESSE (211), ISIS + OSIRIS (422), l'union du masculin et du féminin, et TROIS UNS (422), précédemment étudié. D'ailleurs, 422 est inscrit au sein même de LA GRANDE PYRAMIDE (422).

LA SOURCE DE LA LUMIÈRE (551) est comme l'ENSEMENCEMENT DU UN (551), mais AU COMMENCEMENT (402), nous sommes encore au JOUR ZÉRO (402). Alors vient le 2 central du

VERBE CRÉATEUR (422). Il fait partie de DIEU (102), lui-même 1 et 2. 1 et 2 vont de pair : dans l'expression AU COMMENCEMENT ÉTAIT LE UN ET DEUX (1001), nous retrouvons un total de 1+0+0+1 = 2 ; c'est l'union de LA VERTICALITÉ ET L'HORIZONTALITÉ (1001). Et si Dieu est représenté par un cercle, il sera, évidemment, LE CERCLE DE TROIS CENT SOIXANTE DEGRÉS (1001).

Nous avons aussi la traduction « Au commencement était la parole, et la parole était avec Dieu » (Jean-1-1). Dans ce cas, LA PAROLE (220) sous-tendrait que LE REFLET (220), l'effet miroir, est présent dès le commencement. HAUT + BAS = 220 : tout ce qui est en haut est comme ce qui est en bas. DIEU (102) et DUALITÉ (201) seraient-ils venus en même temps ? Il faut croire que oui.

La MÈRE (110), ou principe féminin, est présente dès le COMMENCEMENT (330) = LE REFLET + MÈRE. Or, le reflet de 110 est 011. Les deux réunis (110 + 011) donnent 121. Il s'agit de LUI (121). Un LUI qui, uni à la MÈRE, crée non seulement le 231 de la LUMIÈRE, mais aussi l'anagramme de LUMIÈRE, LUI-MÈRE. LUI (121) étant aussi le ROI (121), nous pouvons y lire sans crainte de nous tromper le Fils couronné, autrement dit, le Christ. Nous chercherons LA COURONNE DU CHRIST (642), afin de TROUVER LA LUMIÈRE (642).

Dans « La PAROLE (220) était avec DIEU (102) », soit 220+ 102 = 322, nous accédons à la CONNAISSANCE (322).

2. Que dit la Genèse ?

De LA GENÈSE (168) à L'ÉVEIL (168), il n'y a qu'un pas... Tout le processus décrit peut se lire au sens de la création du monde, mais aussi dans celui de notre propre éveil intérieur, car tout est dans tout, et nous portons en nous cette Genèse. Connaître cet éveil intérieur, c'est aller vers le magnifique 555 du CONNAIS-TOI TOI-MÊME... pour CONNAÎTRE L'UNIVERS ET LES DIEUX

(1001), comme on pouvait le lire sur le temple de Delphes, où AU COMMENCEMENT ÉTAIENT LE UN ET DEUX (1001).

Nous travaillerons sur une traduction en français de la Bible, bien évidemment, avec tous les écueils des traductions depuis l'araméen ou le grec, mais nous nous concentrerons sur les mots clés. Petit clin d'œil : la BIBLE FRANÇAISE (264) nous mènera-t-elle à LA VÉRITÉ (264), celle que porte LE CHRIST (264), celle inscrite dans la PYRAMIDE (264) ? Jugeons des résultats.

Verset 1-1 : « Au commencement, Dieu créa les Cieux et la Terre. »

Le 330 du COMMENCEMENT est le nombre de l'APOCALYPSE (330), pris dans le sens de la « Révélation » (et non de la fin du monde). Assurément, il s'agit de la RÉVÉLATION DE DIEU (462), qui va de pair avec la révélation de la NATURE DE L'HOMME (462).

Ce COMMENCEMENT (330) est ce qui MÈNE AU DEUX (330). Nous partons ainsi du 1, qui donne 2. Nous retrouvons d'ailleurs dans ce qui « DONNE DEUX » le 303, alliance de DIEU (102) et LUCIFER (201) ou DUALITÉ (201). Dès le commencement, la dualité luciférienne est donc bien là.

LUCI-FER ou FAIRE LA LUMIÈRE (360) pour devenir LUMINEUX (360) ? Lucifer est, littéralement, « le porteur de la lumière ». Quelle nouvelle incroyable coïncidence : l'expression totalise 666, ce nombre dit de « la bête », qui apparaît dans l'Apocalypse, comme une confirmation qu'il est présent dès le commencement. Qu'est-ce qui peut nous être RÉVÉLÉ (184) par l'Apocalypse ? Encore et toujours, le CENTRE (184), ou le MILIEU (184), au choix. C'est le POINT CENTRAL (426), où nous trouverons LE UN EN CONSCIENCE (426). 426 constitue une anagramme numérique de 462, soit la RÉVÉLATION DE DIEU (462), là où RECENTRAGE = 264. Autre anagramme : le 246 de FUSION et de L'UNION (246) est aussi L'EXPIR (246), qui nous amène à penser au SOUFFLE

DE DIEU (349), qui produit LES NOMBRES (349), le premier principe de la Création accompagnant la géométrie.

Il manque à notre tableau d'anagrammes numériques le 624 et le 642 ? Alors osons voir en 624 l'ARCHITECTE DE L'UNIVERS, rien de moins ! Serait-ce LE CRÉATEUR (312) en son dédoublement (312 x 2 = 624) ? Il a créé, soyons-en sûrs, LE PARADIS TERRESTRE (624), à son image. Pour finir, 642 nous incite à TROUVER LA LUMIÈRE (642), ce qui revient à RAMENER LA CONSCIENCE EN SOI (642), celle de LA SOURCE DE TOUTE VIE (642).

Avec ce commencement, vient L'ACTE CRÉATEUR (383), qui nous amène à la PLEINE LUMIÈRE (383) ; une LUMIÈRE (231), qu'il faudra pourtant aller chercher au sein de LA TERRE (231), si nous voulons retrouver LE PARADIS (231).

Viennent Les CIEUX (183) et la TERRE (231). L'un est CŒUR (183), l'autre LUMIÈRE (231). Cœur et lumière réunis dès l'origine ne nous évoqueraient-ils pas l'amour, cette énergie qui englobe toute la création, le 123 d'AIMER, le Verbe premier ? Parti du « vide » du zéro, nous voici avec LE PLEIN (183) au sein du CŒUR (183). Dès lors, pouvons-nous parler de vide dans l'univers (les cieux) ?

Nous noterons que les Cieux sont pluriels, mais CIEL = 60 et ÉDEN = 60. Donc deux « ciel » donnent 120, avec « le PÈRE (120), qui êtes aux cieux ». Le ciel du monde visible, le ciel du monde invisible. De même, à travers la lecture de l'Ennéade égyptienne, nous avons la déesse du ciel étoilé NOUT (222), qui nous renvoie à la VOÛTE ÉTOILÉE (444), comme si les Cieux étaient doubles, pour former le CERCLE (110) complet de la MÈRE (110). Un peu plus loin, nous verrons s'identifier un autre ciel parmi les cieux.

Verset 1-2 : « Or, la terre était informe et déserte, et il y avait les ténèbres sur la surface des flots de l'abîme ; et la force active de Dieu se mouvait au-dessus de la surface des eaux. »

Tentons de décrypter le message primosophique de cette phrase quelque peu sibylline. Que sont ces « flots de l'abîme » et cette « force active » ?

La terre INFORME (217) est en lien, initialement, avec le CIEL DIVIN (217), placé au-dessus. C'est encore LE DÉSERT (244), soit aussi LE ZÉRO (244), mais le zéro contient potentiellement en lui toute l'information qui permettra à la Terre d'être informée.

Avant l'avènement de la lumière révélée dans le verset 1-3, nous restons dans les TÉNÈBRES (251). Elles nous plongent dans l'OBSCURITÉ (332) donnée par notre CRISTALLIN (332), qui inverse la vision des choses, faisant de DIEU (102) LUCIFER (201). Or, le CHEMIN ÉCLAIRÉ (251) se trouve bien dans les TÉNÈBRES (251), puisque L'OBSCURITÉ (363) est à la fois LUMIÈRE (231) + AURA (132) ; ce n'est qu'une question de miroir.

Ainsi, la « surface » mentionnée au-dessus des flots sert de miroir et renverse l'image pour générer les ténèbres. La preuve est là : SURFACE = 213, alors que LES FLOTS = 312. Or, 312, c'est le CRÉATEUR (312) lui-même. Son miroir sera donc au-dessus des ténèbres. C'est cet effet miroir et son inversion que nous retrouvons tout au long de notre étude, démarrée notamment avec le 102/201. Voilà de quoi RÉFLÉCHIR (213).

Dieu se meut à la surface constituée par LES EAUX (261) de la VOÛTE (261), céleste s'entend. LA FORCE EN ACTION (377) et LA LUMIÈRE DE DIEU (377) sont au-dessus de cette voûte. « La FORCE (123) active de Dieu », c'est le 123 d'AIMER. C'est la suite logique : le 1, le 2 puis le 3. Il est même précisé que cette force est en action. Ce n'est donc pas le mot AMOUR, mais bien le verbe AIMER dont il s'agit ici. Ce n'est pas « être dans l'amour », mais être dans l'action d'aimer qui est précisé. « Au commencement était le Verbe »... Ce commencement est un acte d'amour. Si nous voulions faire un rapprochement avec la cosmogonie grecque, nous pourrions situer cette FORCE EN ACTION (377) sur le mont Olympe, car FORCE + OLYMPE = 377. Elle habite donc le monde divin...

Quant aux FLOTS DE L'ABÎME (322), ils portent en eux la CONNAISSANCE (322).

Les ténèbres se situant juste au-dessus de la surface, elles nous empêchent de distinguer la « force en action », qui est encore au-dessus, autrement dit l'action de l'amour. Il faudra la trouver par la Connaissance représentée par les eaux noires, l'abîme, ainsi que ce chemin éclairé dans ces « flots de l'abîme ».

Versets 1-3 et 1-4 : « Ainsi Dieu dit : Qu'il se fasse de la lumière ! Et la lumière fut » / « ...Dieu opéra une séparation entre la lumière et les ténèbres »

Dans un premier temps, observons que, numériquement, LUMIÈRE + TÉNÈBRES = 482. La « séparation » en deux parts égales donne 241. Or, SÉPARER = 241... Lumière et ténèbres sont comme à égalité, semble-t-il.

Nous avons déjà souligné l'importance de la LUMIÈRE (231), en lien avec LA TERRE (231). À supposer que la lumière se situe dans les FLOTS DE L'ABÎME (322), d'où le fait que par la CONNAISSANCE (322), nous pourrons y retrouver le CHEMIN ÉCLAIRÉ (251), malgré les TÉNÈBRES (251). La Terre encore « informe », va pouvoir rayonner sa lumière. La lumière opérera par la FUSION HOMME FEMME (486), ET LA LUMIÈRE FUT ! (486). Les deux principes fusionnés créent la lumière.

Verset 1-5 : « Et Dieu commença à appeler la lumière Jour, mais il appela les ténèbres Nuit. Et il fit un soir, et il fit un matin. Premier jour. »

Voici, de façon synthétique, le développement de ce premier jour :

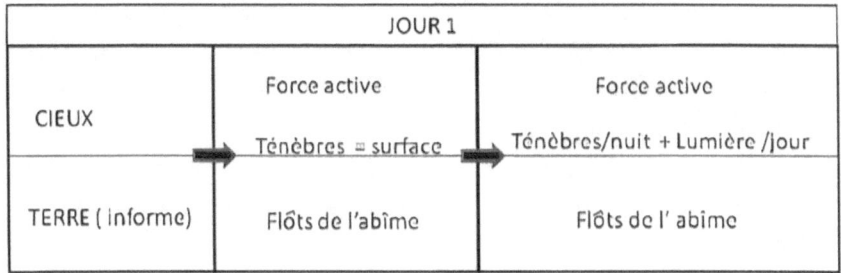

Nous allons constater que plusieurs versions sont possibles, chacune apportant un éclairage différent mais complémentaire.

D'une certaine façon, le jour = la nuit, avec la formule : LE JOUR = 234, et JOUR ET NUIT = 468, ou 2 x 234. LE JOUR (234), c'est le moment où nous sommes prêts à DÉMARRER (234), c'est LE RÉVEIL (234), le lever du Soleil, donc le moment où la lumière apparaît. Pourtant, LA NUIT = 230 est aussi LE SOLEIL (230). Voilà qui nous redit que la lumière est aussi dans les ténèbres. Dans la nuit, nous avons aussi L'ACCÈS À L'AMOUR DIVIN (506) ou L'AMOUR EN NOUS (506). Notre SOMMEIL PARADOXAL (506) n'est-il pas une porte d'entrée ? L'ACCÈS DIVIN (263) n'est autre chose que LA LUMIÈRE (263).

L'autre version possible consiste à prendre JOUR (196) et NUIT (198). Nous constatons que 2 les sépare, ce 2 de notre dualité qui risque de nous laisser dans le noir de la nuit si nous ne savons pas y ajouter le 1. Si, dans la nuit, nous sommes malgré tout capables d'ajouter ce 1, car c'est bien par LE RÊVE (184) que nous allons pouvoir retrouver notre CENTRE (184), nous obtenons alors 199 de TERRE (sans l'article *la*), pour ne faire plus qu'un avec elle. Rappelons que LA TERRE (231) est aussi LUMIÈRE (231).

Observons maintenant SOIR ET MATIN. Ils totalisent 421, soit aussi le ROYAUME DE DIEU (421). Et le royaume de dieu est ainsi fait que tout est miroir, avec une inversion au passage.

Quant au PREMIER JOUR, c'est 431, qu'il nous faut sans doute mettre en relation avec le DEUXIÈME JOUR (432). Nous considérerons qu'il y eut un JOUR ZÉRO (402) au verset 1, correspondant AU COMMENCEMENT (402)...

En ce 431 du PREMIER JOUR, nous verrons l'apparition du premier nombre premier, le 1, donc l'avènement futur de LA PRIMOSOPHIE (431) !

Versets 1-6, 1-7 et 1-8 : « Puis Dieu dit : Qu'une étendue se fasse entre les eaux et qu'une séparation se produise entre les eaux et les eaux ! »

« Alors Dieu se mit à faire l'étendue et à faire une séparation entre les eaux qui devaient être en dessous de l'étendue et les eaux qui devaient être en dessus de l'étendue. »

« Et Dieu commença à appeler l'étendue, Ciel. Et il fit un soir et il fit un matin. Deuxième jour. »

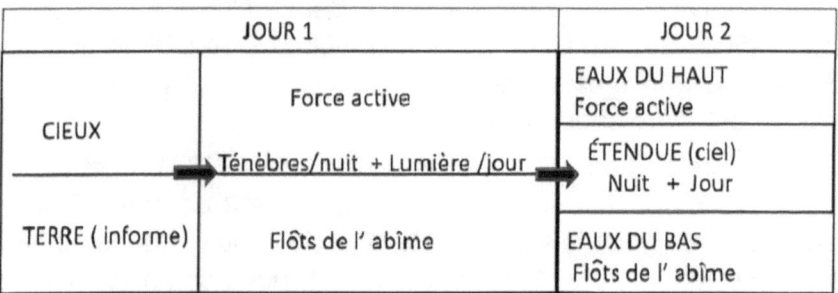

Nous avons VERS LE HAUT (394), les EAUX DU HAUT (394) ou LE PLAN MIROIR (394), et VERS LE BAS (302), les EAUX DU BAS (302), où retrouver le chemin pour VENIR À DIEU (302) ou ALLER VERS DIEU (302). L'ÉTENDUE (205) fera l'UNITÉ (205) entre les deux. Notons au passage que 205 est aussi LIQUIDE. Pour de l'eau, nous sommes donc en accord avec le texte.

Ce verset est important, car il nous permet de comprendre qu'un troisième espace se crée, qui devient le ciel. Nous aurions ainsi dans les cieux, deux types de ciel : un « ciel divin » et un ciel que nous qualifierons de « terrestre », un espace intermédiaire qui nous aidera à retrouver l'unité dans notre monde à la surface de la terre.

Cette « étendue » sera le lieu de rencontre de la LUMIÈRE (231, lumière terrestre) et de L'AURA (132, lumière divine).

Versets 1-9- et 1-10 : « Puis Dieu dit : Que les eaux de dessous les cieux s'amassent en un seul lieu et qu'apparaisse la terre ferme. Et cela fut ainsi. »

« Et Dieu commença à appeler le terre ferme Terre, mais il appela l'amas des eaux Mers. De plus Dieu vit que cela était bon. »

		JOUR 1	JOUR 2	JOUR 3
CIEUX		Force active	EAUX DU HAUT Force active	EAUX DU HAUT Force active
		Ténèbres + Lumière	ÉTENDUE (Ciel) Nuit + Jour	ÉTENDUE (Ciel) Nuit + Jour
TERRE (informe)		Flôts de l'abîme	EAUX DU BAS Flôts de l'abîme	TERRE ferme + MERS

Le ciel inférieur, constitué par les eaux du bas, se transforme donc en Terre et mers. Nous avons ainsi :
– un ciel supérieur ;
– l'étendue ;
– la Terre et les mers.

D'un côté, nous avons LA TERRE = 231 = LUMIÈRE et, de l'autre, LES MERS = 263 = LA LUMIÈRE.

Nous pouvons dire que ce qui fut initialement appelé « lumière » dans le verset 1-3 reste lumière, même sous forme de la Terre et de mers. Nous avons EAU = MÈRE = 110, mais comme il est question « des » eaux, nous allons avoir deux eaux, celles du bas, qui deviennent la terre ferme et les mers, et celle du haut, qui sont au-dessus de « l'étendue ». Si l'eau représente le féminin et la mère, que nous associerons à ces mers, nous découvrons que LES MÈRES = 171. LE MONDE (171) et LE CYCLE (171) de l'eau est en marche : l'eau de notre ciel tombe sur Terre pour donner les mers, puis remonte dans le ciel sous forme de VAPEUR D'EAU (342) ou 2 x 171. Partie de la mer, elle repart VERS LA MÈRE (342), sous-entendu : le ciel. Ainsi se crée le CYCLE DE L'EAU (255), un cycle qui intègre géométriquement le NOMBRE PI (255). Lui-même peut nous permettre d'engendrer le cercle (circonférence d'un cercle = 2 Pi x le rayon), le CERCLE (110) représentant la MÈRE (110).

Verset 1-11 : « Puis Dieu dit : « Que la terre fasse pousser de l'herbe, de la végétation portant semence, des arbres fruitiers donnant des fruits... »

Premier élément à pousser sur terre : L'HERBE (123) ou AIMER (123). Vient ensuite la végétation ou des VÉGÉTAUX (322) portant semence, celle de la CONNAISSANCE (322). La semence, ce sont les GRAINES (201). Il faudra partir du 201 pour grandir et retrouver le 102. C'est le passage par l'ARBRE FRUITIER (440), un 440 qui est aussi EXPÉRIMENTER (440). C'est ce que nous ferons au cours de notre vie pour retrouver cette connaissance, sachant qu'il est précisé un peu plus loin : « ...la semence (du fruit) est en lui, sur la terre... » Au final, nous venons prendre conscience de ce qu'aimer ou la « force active » du plan supérieur peut être.

Nous pourrions donc traduire ainsi ce verset : « Que la terre nous permette d'expérimenter la vie pour atteindre la Connaissance qui est en nous, et apprendre à aimer. »

Une synthèse primosophique de ces trois jours donnerait :

	JOUR 1	JOUR 2	JOUR 3
CŒUR 183	AIMER 123 (force)	AIMER 123	AIMER 123
	➤ Conscience de l'amour ➤	UNITE 205 Conscience de l'amour	UNITE 205 Conscience de l'amour
LUMIERE 231	Flôts de l'abime 322 CONNAISSANCE 322	CONNAISSANCE ➤ 322	LUMIERE 231 (la lierre) LA LUMIERE 263 (les mers)

Versets 1-14 et 1-16 : « Puis Dieu dit : Qu'il y ait des luminaires dans l'étendue des cieux, pour séparer la nuit d'avec le jour, et qui servent de signes pour les saisons, et pour les jours, et pour les années ; »

« Dieu fit les deux grands luminaires, le plus grand luminaire pour présider au jour, et le plus petit luminaire pour présider à la nuit ; il fit aussi les étoiles. »

La séparation nous renvoie à nouveau au 241 de SÉPARER, nous rappelant cet état entre la terre ferme et le ciel de l'étendue, ce stade où l'on passe de la » lumière » au « un », mais une lumière qui est, en fait, encore la nuit.

Si les luminaires viennent éclairer la Terre, alors nous obtenons une TERRE ÉCLAIRÉE (333), le beau 333 de DIEU + LUMIÈRE. LES DEUX LUMINAIRES (611) ainsi créés nous permettent d'ENTRER DANS LA LUMIÈRE (611). Ils seront LE SOLEIL (230) + LA LUNE (182), soit 412, pour nous AMENER LA CONSCIENCE (412), voire LA PLEINE CONSCIENCE (412). Ils servent ainsi de SIGNES (202), ce qui nous renvoie à Noé (Gn 9:13) à propos de L'ARC-EN-CIEL (202) : « Voici le signe de l'alliance que j'établis entre moi et vous, et avec tous les êtres vivants qui sont avec vous, pour les générations à jamais : je mets mon arc au milieu des nuages, pour qu'il soit le signe de l'alliance entre moi et la Terre. » Nous savons que l'arc-en-ciel est directement lié à un jeu de lumière.

Nous constatons, de nouveau, combien la primosophie peut s'avérer précieuse pour offrir une belle interprétation d'un texte dont la traduction en français pouvait paraître quelque peu absconse. Libre à chacun de poursuivre cette exploration de la Genèse.

3. Le souffle de Dieu

Arrêterons-nous toutefois sur un dernier point important, cité dans le verset 2-7 : la question du SOUFFLE DE DIEU (349), celui qui apporte les NOMBRES (349).

Ce souffle divin donne vie à Adam. L'AIR (110) insufflé viendrait-t-il de MÈRE (110) ? Étant donné que c'est la mère qui donne vie, nous pouvons raisonnablement le penser, même si nous avons en tête l'image d'un Dieu masculin – n'oublions pas qu'il est Père et Mère à la fois. Nous dirons donc que le souffle initial vient de la partie féminine de Dieu. Et lorsque L'AIR RENTRE (350), c'est, en quelque sorte, aller VERS LE UN (350). C'est bien le mouvement qui correspond à celui de la Mère, du 2 vers le 1. La Mère vient nous inspirer. Lorsque L'AIR SORT (340), qui est aussi RAYONNER (340), c'est le mouvement lié au Père, du 1 vers le 2, il met en action vers l'extérieur ce qui lui a été inspiré par la Mère. Nous allons ainsi du centre vers le cercle, ou inversement. Dès lors, il n'est pas étonnant que SOUFFLER = 294 = CENTRE + CERCLE.

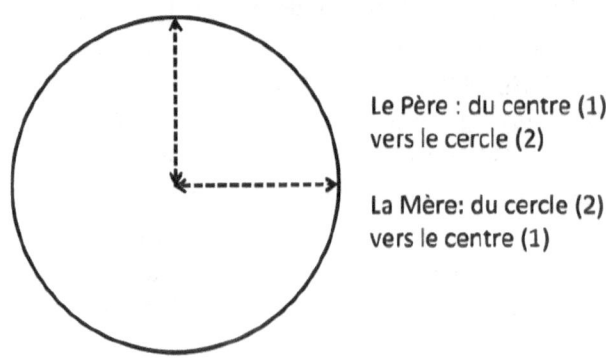

Le Père : du centre (1) vers le cercle (2)

La Mère: du cercle (2) vers le centre (1)

Ainsi, le souffle fait le lien entre le Père et la Mère. LES POUMONS (442) ont leur rôle à jouer, bien sûr. À eux deux, c'est le DEUX EN CONSCIENCE (442). En constatant que VIVRE + AMOUR = 442, nous ne pouvons pas nous empêcher d'établir le lien avec la vie qui est donnée par cet air dans nos poumons, et LE CŒUR (221), qui se trouve à leur niveau. Nous pourrions aussi y voir L'OMBRE + LA LUMIÈRE (442), tel l'oxygène qui apporte la vie et le gaz carbonique qui sera rejeté.

Si la RESPIRATION (423) nous permet de CONNAÎTRE LA MÈRE (423), LA RESPIRATION (455) nous connecte à L'ÉNERGIE DU CHRIST (455) et LE PRINCIPE FÉMININ (455). Voilà qui pourrait nous inciter à respirer davantage en conscience…

Il est dit dans la Genèse que « Dieu insuffla un souffle de vie dans les narines, et l'homme devint un être vivant » (Gen-2-7). Les NARINES (229) ne représenteraient-elle pas LA MATIÈRE (229) ? C'est aussi LE LOGOS (229), qui vient se mêler à la matière pour donner vie à l'homme. HOMME (141), ÊTRE VIVANT (414), étonnant non ? L'ensemble nous procure un beau 555, le fameux CONNAIS-TOI TOI-MÊME (555).

Nous pourrions donc conclure que LE CRÉATEUR (312) a été bien inspiré de nous INSUFFLER (311) LA VIE (131), dont le total est égal au 442 vu dans LES POUMONS (442). Insuffler permet à l'Homme de SE RÉVÉLER (311), d'accéder au RÈGNE DE L'HOMME (311), identifié à l'origine sous la forme de ADAM + EVE (131).

4. Au commencement, l'œuf ou la poule ?
A) Lumière et aura

Partons du jeu de miroir suggéré par le 102/201 et amusons-nous un peu pour tenter de résoudre la fameuse énigme de savoir qui était là en premier : l'œuf ou la poule ?

D'un côté, nous avons LA POULE (231), donc la LUMIÈRE (231)

et, de l'autre, en miroir, L'ŒUF (132), qui représente l'AURA (132), cette autre lumière du plan divin. Est-ce le hasard ?

Le COMMENCEMENT (330) associé à notre ŒUF (132), soit 330 + 132 = 462 déjà signalé précédemment, pourra nous indiquer LE SOLEIL ORIGINEL (462), QUI EST RÉVÉLÉ (462 = 2 x 231), là où le COMMENCEMENT (330) + LA POULE (231) = 561 nous signale que LE CYCLE SUR TERRE (561) et LE CYCLE DANS LES CIEUX (561) viennent de débuter avec l'arrivée de la poule. L'ÉCLOSION DE L'ŒUF (454) entraîne cette RÉVOLUTION (454) ou cette notion de cycle, mais nous y retrouvons aussi le verbe premier accompagné de Dieu et de la lumière avec AIMER + DIEU + LUMIÈRE = (454). À croire que notre UNIVERS (331) est bien l'union ŒUF + POULE (= 331). Et comme LA POULE (231), c'est aussi VIVRE (231), cette vie est peut-être aussi l'expression de L'ADN CHRISTIQUE (454) originel, qui ne pourra se faire sans le COQ (99) puisqu'il est lui-même VIE (99). LE POUSSIN (381), À L'INTÉRIEUR (381) de l'œuf, où se trouve LE FEU DE L'AMOUR (381) dans LE CŒUR (183), ne demande qu'à sortir. LE SAUVEUR (381) serait-il à l'image du poussin, à l'intérieur de nous ?

Avec l'union 231 + 132 = 363, le message devient clair : c'est dans L'OBSCURITÉ (363), liée au phénomène d'INVERSION (363), que nous pourrons retrouver la CONSCIENCE DE SOI (363), dans l'ICI + MAINTENANT (363), autrement dit dans l'espace et le moment présent. Entendons par là que c'est dans le monde de la matière, à l'intérieur de l'œuf, que nous prenons conscience de nous-même ; telle est l'expérience que nous sommes venus faire sur Terre. Lorsque les deux plans sont réunis, nous sommes dans la FIN DES TEMPS (363).

C'est le temps de L'ENGENDREMENT (363). Vient le temps de retrouver notre véritable humanité, L'ENGENDREMENT DE L'HUMANITÉ représentant le fameux 666. Merci à Lucifer, qui représente LE PORTEUR DE LA LUMIÈRE (666). Il permet LA CONNEXION À SA DIVINITÉ (666).

Si cette connexion se fait avec LE UN EN CONSCIENCE (426), nous accédons alors à l'ŒUF COSMIQUE (426), image de la CRÉATION INITIALE (444) vue géométriquement avec LE CENTRE ET LE CERCLE (444).

Ainsi, avec LA CRÉATION DU MONDE (481) vient en miroir L'ÉNERGIE (184), qui nous renvoie à la notion de CENTRE (184). Il s'agit probablement d'une ÉNERGIE D'AMOUR (369), une énergie qui nous relie au GRAND ARCHITECTE (369), à condition, encore une fois, de VISER LE UN (369) puisqu'elle est ÉNERGIE CENTRALE (369), une énergie qui devient même LUMIÈRE SACRÉE (369). Voilà peut-être la raison pour laquelle Nicolas Tesla était fasciné par ce 369 au vu de la citation qui lui est attribuée : « Si vous connaissiez la magnificence des chiffres 3, 6 et 9, alors vous auriez une clé de l'univers. »

B) Un message d'amour

Allons un peu plus loin pour nous persuader qu'à L'ORIGINE DU MONDE (441), était déjà inscrit LE MESSAGE D'AMOUR (441). De plus, le mot OR-IGINE = 201 = DUALITÉ, intégrant le OR (102) de DIEU. Voilà qui nous redit que la création de la dualité a été faite avec amour. C'est pour cette raison que nous retrouvons le 2 avec le mot DIEU (102). Dans l'exode 3-14, Dieu se nomme par le « JE SUIS » (242), qui est justement L'AMOUR (242). Par conséquent, ne rejetons pas cette dualité, acceptons-là comme un cadeau du divin, afin de connaître ce que représente le mot AMOUR (211), ce 201 où nous prenons conscience du 1 central, de l'unité en nous.

Si nous ne prenons conscience de cet amour, alors LA CRÉATION DE L'UNIVERS (646) risque de n'être qu'un ÉTERNEL RE-COMMENCEMENT (646), jusqu'à ce que nous comprenions et intégrions cette verticalité au centre de notre plan de l'horizontalité, afin de former l'œuf.

Quelques associations remarquables		
OCÉAN PRIMORDIAL	EAUX DE LA CRÉATION EAU + FEU + AIR + TERRE	446
ENFANTER	DÉMARRER LE JOUR LE RÉVEIL	234
LE CERCLE DE LA CRÉATION	LA GRANDE MÈRE DIVINE LE PÈRE CRÉATEUR LA PLANÈTE TERRE LE RÔLE DE L'AMOUR	432
GRAND PRINCIPE DIVIN	L'ŒUVRE AU ROUGE L'EXPÉRIENCE DE LA DUALITÉ	556
CIEL ET TERRE	FAIRE QU'UN LE DÉBUT DE LA VIE DIEU + LUMIÈRE	333
MONDE	CYCLE	133
L'ORIGINE DU MONDE	LE MESSAGE D'AMOUR	441
LE RÈGNE DANS LES CIEUX	LE RÈGNE SUR TERRE	555
UNIFICATION	CENTRALISER COMMUNION	335
CHEMIN ÉCLAIRÉ	TÉNÈBRES GLANDE PINÉALE HORUS	251
SETH	ENNEMI DUEL (avec Osiris et Horus) VRAI 152 = MENT 152	152
L'ŒIL DU FAUCON	LA LUMIÈRE DE DIEU LA FORCE EN ACTION	377
L'ŒIL D'HORUS	L'AMOUR DE DIEU	356
CONNEXION PÈRE-MÈRE	L'ENDROIT + L'ENVERS	551
GRAND ARCHITECTE	ÉNERGIE D'AMOUR LA VIE + LA MORT LE YIN + LE YANG LUMIÈRE SACRÉE	369
LE UN EN CONSCIENCE	LE POINT CENTRAL	426
LA PLEINE CONSCIENCE	AMENER LA CONSCIENCE	412
VIVRE + AMOUR	LE CŒUR	221
AMOUR 211 + SAGESSE 211	LA GRANDE PYRAMIDE ISIS + OSIRIS L'ALLIANCE ÉTERNELLE LA VRAIE LUMIÈRE	422

Chapitre III

La quête

1. La quête du Graal
Observons les passerelles invisibles qui unifient le tout à travers le temps et l'espace. Dirigeons-nous vers la forêt de Brocéliande, prenons notre épée Excalibur et rejoignons le roi Arthur et les chevaliers de la Table ronde. Épée révélatrice ? Pourquoi une table ronde ? Quels symboles se cachent derrière tout cela ? Trouverons-nous enfin le Graal, la coupe ou le plateau ? Galaad ou Lancelot nous mettront-il sur la piste ?

Avant tout, cette QUÊTE (105) est bien celle du GRAAL (105), guidée par un ŒIL (100) aiguisé pour retrouver le chemin de l'UNITÉ (205 = 105 + 100). Une première indication pour nous signifier que nous allons exercer notre regard à voir autrement, mais aussi entendre autrement… Entendons dans ce 100 le « sang », celui qui justement emplira la coupe, celui versé par le Christ. N'oublions pas que notre œil inverse l'image. Il nous faudra régulièrement avoir le réflexe de regarder l'autre face du miroir. Par exemple, constatons en 501, miroir du 105, l'alliance de JÉSUS + MARIE MADELEINE (501). De nouveau, l'union du masculin et féminin sacrés. LE SAINT CALICE (291) devient, quant à lui, le miroir du SOLEIL (192), à moins que le Soleil ne soit que le miroir du Saint Calice, encore trop puissant pour le voir en direct ?

502, miroir du 205, permettra L'ALIGNEMENT AVEC SOI (502). Soyons prêts à recevoir ce rayon. Posons humblement un genou (« je-nous ») au sol, afin d'être adoubé par le roi, avant de partir pour notre quête. AGENOUILLÉ (264), nous pourrons rejoindre LE CHRIST (264). Entendons-là faire la FUSION (246) entre le je et le nous (JE + NOUS = 246), autrement dit, faire l'unité entre notre moi (terrestre) et notre soi (divin), formant tous deux le nous, un MOI + SOI (222) situé dans LE CENTRE (222).

A) La légende arthurienne

Nous n'aurons pas la prétention de décortiquer tout le mythe, mais simplement de faire ressortir quelques éléments laissant entrevoir la portée des noms et des localisations impliqués dans cette histoire.

Plongeons ainsi au cœur de LA FORÊT DE BROCÉLIANDE (449), un total que nous avons déjà eu l'occasion de rencontrer : JÉSUS CHRIST (449) / ESPRIT SAINT (449), qui restent sans doute très intéressants pour notre quête du Graal, mais nous retiendrons surtout LA LUMIÈRE DU CERCLE (449). Cela pourrait nous rapprocher de la fameuse TABLE RONDE (263), qui nous dit ni plus ni moins : LA LUMIÈRE (263). Nous voilà pris dans l'enchantement de Merlin… La magie opère déjà.

Nous reviendrons sur cette fameuse table, qui nous réserve quelques surprises, mais intéressons-nous d'abord au roi. LE ROI ARTHUR (433) retira L'ÉPÉE DANS LE ROCHER (433). Cette ÉPÉE EXCALIBUR (344) aurait-elle quelque chose à voir avec le FÉMININ SACRÉ (344), associé au MASCULIN SACRÉ (433) ? L'ÉPÉE (99) semble représenter le féminin à travers l'image de la FEMME (99). Petit clin d'œil de notre facétieux Merlin/Thot : ÔTER L'ÉPÉE DU ROCHER = 539 = MERLIN L'ENCHANTEUR.

Alors que l'épée sortant du rocher pourrait évoquer le masculin sortant du féminin, nous pouvons aussi dire que le roi récupère le féminin (l'épée) du masculin (le rocher). Il faut l'âme pure. Ce féminin va lui donner toute sa puissance et lui permettre de devenir roi. Le voilà connecté à LA SOURCE (276) avec EXCALIBUR (276). ÉPÉE EXCALIBUR (344) + LE ROI ARTHUR (433) ou encore FÉMININ SACRÉ (344) + MASCULIN SACRÉ (433) nous révèlent, de par leur complémentarité parfaite, le 777 de TOUT EST DANS LE TOUT (777) déjà mentionné, mais aussi nous faire découvrir LE CRISTAL AU CŒUR DE LA TERRE (777).

Telle l'épée d'Arthur dans le rocher, le cristal (le Graal ?) serait-il dans la Terre ou, symboliquement, EN NOUS (264) ? Un tel décryptage aurait peut-être évité à nos chevaliers de partir loin, s'ils avaient su que LE CHRIST (264) était bien EN NOUS (264).

Et comme tout est dans le tout, rappelons-nous le cercle de 777 km qui circonscrit le triangle Paimpont-Saint-Mont-Bugarach. Au centre de ce cercle, nous trouvons le petit village de TREIGNAT (274), toujours sur le méridien de Paris, qui nous dit à la fois CONSCIENCE DE GAÏA (274), GRANDE DÉESSE (274), CRÉATEUR (274), LE MIROIR (274) et... ARTHUR (274).

Parmi les personnages de la légende, citons les deux fées MORGANE (201) et VIVIANE (233). La mort et la vie de Mort-gane et de Vie-viane. Le 201 de LUCIFER ou de la DUALITÉ (201) face au 233 des INITIÉS (233), de la FEMME ÉCLAIRÉE (233), miroir de l'OBSCURITÉ (332). Il nous faudra les deux réunies (201 + 233 = 434) pour trouver LA VOIE DU MILIEU (434), celle qui nous permettra de trouver LA LUMIÈRE EN SOI (434), au cœur de notre dualité.

Ajoutons à ce duo lumineux LANCELOT DU LAC (335), qui nous parle de COMMUNION (335) et d'UNIFICATION (335), avec Dieu certainement, sachant que pour une COMMUNION AVEC DIEU (521), il nous faudra TROUVER LA MÈRE (521). Il nous est dit qu'il ne pourra trouver le Graal, juste le voir en songe, donc par une forme de communion avec Dieu.

Galaad, son fils, est dit le « BON CHEVALIER » (303), celui qui pourra être À DROITE (201) d'Arthur. Il représente alors l'union du 102 et du 201, tel SAINT MICHEL (303). C'est ce qui lui permit de trouver le Graal. Il est aussi appelé « LE FAUCON D'ÉTÉ »[4] (294) ; c'est justement notre SAINT GRAAL (294).

---

4. Thomas William Rolleston, *Myths & Legends of the Celtic Race*, 1911.

B) De la Table ronde à la quadrature du cercle

Nous avons vu que le Graal pouvait être un plateau, mais il s'agit plutôt de LA COUPE (203). Serait-ce le miroir de PAIMPONT (302) ? La ville nous a révélé des informations nous poussant à regarder autrement, alors pourquoi ne cacherait-elle pas, à sa façon, la fameuse coupe ? Il est aussi question de voir LE GRAAL (143) à travers LA COUPE SACRÉE (341), en miroir là encore. Sa forme en triangle pointé vers le bas, symbole féminin, nous révèle LE PÔLE FÉMININ (341).

La Table ronde attend la coupe, qui doit être placée au CENTRE DE LA TABLE (336), pour nous rappeler LA PERFECTION (336) et le message inéluctable qu'elle RAMÈNE AU UN (336), rôle dévolu au féminin. Cette TABLE RONDE (263) avec son Graal au centre porte LA LUMIÈRE (263).

Et pourquoi pas une table carrée ? TABLE CARRÉE (244) nous parle de SOURCE (244) ou du ZÉRO (244), qui pourrait représenter la source de toute chose. Il est donc curieux de constater que TABLE RONDE (263) nous renvoie à une ÉQUERRE (263), tandis que la table carrée nous renvoie à un cercle, sous la forme du zéro.

Ce passage du cercle au carré est réalisé par l'équerre et son angle. Nous avons vu l'importance de l'angle de la pyramide, celui de 90° est intéressant aussi : ANGLE DE QUATRE VINGT DIX DEGRÉS (835) = LE CROISEMENT DE LA TERRE ET DU CIEL (835), que nous pouvons considérer comme le croisement du plan horizontal de la surface terrestre et de l'axe vertical à 90° menant au ciel et au centre de la Terre. Quant à ANGLE + UN = 205, il nous conduit à l'UNITÉ (205). L'équerre nous ramène au Un, au centre de la table, elle-même lumière… Peut-être avons-nous résolu une autre énigme, celle de la construction d'un cercle de même surface que le carré, ou LA QUADRATURE DU CERCLE (612) ? C'est à la fois LE QUATRE ET L'AMOUR (612) ; ainsi, le quatre représentant le carré, alors le cercle est amour.

C) La coupe du Graal

Si ce GRAAL (105) reste dans un plan symbolique et spirituel, sa représentation matérielle se situe-t-elle en 501 ? Celui-ci pourrait alors être la représentation du COUPLE SACRÉ (333), celui de JÉSUS + MARIE MADELEINE (501), comme pour nous signifier là encore l'importance de l'union du masculin et du féminin. Considérons que la femme, ou la « Mère », ramène au 1, unifie, tandis que l'homme, ou le « Père » conduit vers le 2, et divise. Ainsi, nous avons une allusion à la FUSION + FISSION (501). Tel pourrait être le message du Graal : allier le masculin et le féminin en nous, rejoignant en cela ce que nous dit la Pyramide, avec son couple Isis et Osiris.

Cette fusion et fission concomitantes nous amènent à aborder le Graal sous l'aspect de l'énergie. En travaillant sur LA FUSION FROIDE (422), donc en lien avec LA GRANDE PYRAMIDE (422), Jean-Paul Biberian, un ancien physicien du CNRS spécialistes de la fusion froide, m'a confirmé que cette fusion douce était accompagnée d'une autre réaction pouvant s'apparenter à une sorte de fission, mais mal connue. Ainsi, le Graal a peut-être une tout autre vocation qu'il nous faudrait creuser.

Cette coupe nous délivre un autre message : LE SANG DU CHRIST (456) = LE CHRIST CRUCIFIÉ (456). N'est-il pas dit que la fonction du Graal fut de recevoir le sang du Christ au moment de sa crucifixion ?

D) Boire à la coupe

Observons maintenant le schéma ci-dessous, où le 2 en miroir devient 5 :

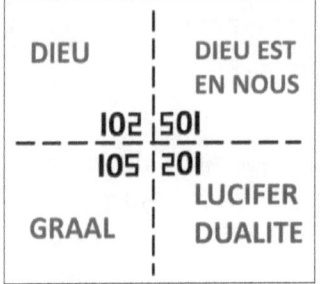

Nous réalisons que le jeu de miroir est en fait un double miroir, à la fois haut/bas ou plan spirituel/plan/matériel, mais aussi droite /gauche ou extérieur/intérieur.

DIEU (102) se déverse dans le GRAAL (105) sous la forme de sang/information, donc si nous acceptons de boire à la coupe, alors DIEU EST EN NOUS (501), et vient au plus profond de notre DUALITÉ (201), notre côté LUCIFER (201).

À noter que 501 pourra aussi se lire en lettres, sous la forme SOI, qui totalise le 123 de AIMER, et nous dit aussi BOIRE LE « CENT » DE LA COUPE (501). Ôtez 100 au 105 du Graal, il nous reste CINQ (116), qui nous dit SANG (116). Voilà comment passer du symbole, numérique ici, à notre réalité matérielle.

LE SANG ET LE CŒUR (449) pourront faire leur office, tel l'ESPRIT SAINT (449) pénétrant dans le corps, et irriguer toutes nos cellules. SANG + CELLULE (297) nous renvoie au SANG DU GRAAL (297). La transmutation peut opérer, la MATIÈRE SPIRITUALISÉE (666) permet à LUCIFER (201) de devenir ainsi le véritable PORTEUR DE LA LUMIÈRE (666), et nous ramener à L'AMOUR ET L'UNITÉ RETROUVÉS (999). LA LUMIÈRE DU SANG (455) ou LUMIÈRE + SOLEIL (455) nous conduit ainsi à cette ÉNERGIE DU CHRIST (455), et nous aide à retrouver LE PRINCIPE FÉMININ (455) propre à nous mettre AU SERVICE DE LA MÈRE (455). 449 réapparaît avec le FÉMININ SACRÉ + GRAAL (449), tel LE VERBE + LA LUMIÈRE (449). Et dire que tout commence par « LE VERBE ÉTAIT DIEU (449) » (Évangile selon St-Jean)...

E) En conclusion

Les chevaliers de la Table ronde auraient pu s'éviter un périple qui les a menés aux confins du monde, si, comme nous venons de le voir, ils avaient compris que tout ce qui est en haut est en bas et, au final, en nous. Leur quête représentait celle que nous tentons de développer globalement ici, celle de l'unité. Toutefois, sans doute faut-il savoir partir loin pour se retrouver soi-même ? C'est le propre du chemin : partir à l'extérieur pour revenir à l'intérieur. Et, au fur et à mesure de nos découvertes, il s'éclaire toujours plus et nous fait comprendre qu'il nous faut simplement réaliser ce lien Terre-Ciel que nous avons en nous. LE GRAAL EST EN NOUS (542) nous dit REVENIR À LA SOURCE (542), et donc à l'EAU (110) de la MÈRE (110), MÈRE DIVINE (274) s'entend. ARTHUR (274) est en connexion avec elle, avec LA CONSCIENCE DE GAÏA (274), avec le CRÉATEUR (274) lui-même.

GRAAL EN NOUS (369) vient encore renforcer le message : 3 x 123 de MARIE, VISER LE UN (369) pour notre quête, GRAND ARCHITECTE (369) pour le créateur, ÉNERGIE D'AMOUR (369) et CHAKRA DU CŒUR (369), pour tout ce que cela peut générer en nous, DIEU INVERSÉ (369), pour nous rappeler que tout n'est que miroir et, enfin, LE YIN + LE YANG (369), l'équilibre du monde.

Remercions nos héros et ceux qui ont relaté leurs histoires à travers le temps, car ils nous aident encore aujourd'hui à devenir des chevaliers, toujours en quête de notre propre unité. N'oublions pas que Galaad est mort après ce qu'il avait vu. Ce que nous voyons ici à travers ces mots, ces géométries, cette légende, n'est au final qu'un reflet de ce que doit être le véritable Graal. Il peut nous éblouir, certes, mais on espère, qu'il nous amènera simplement à poursuivre le chemin… Le CHEMIN ÉCLAIRÉ (251) est DANS LE GRAAL (251), à l'intérieur duquel nous trouvons LE SANG DU CHRIST (456) au moment où le CHRIST CRUCIFIÉ (456) meurt sur la croix. Entendons le « 100 », qui nous ramène à l'UNITÉ (205 = 105 du GRAAL + 100). S'il est traditionnellement remplacé par du vin lors des cérémonies, rien ne change : entendons « LE VINGT » (251) et le CHEMIN ÉCLAIRÉ (251) est toujours là.

C'est au SOMMET DU GOLGOTHA (556) que le Graal apparaît pour recueillir le sang du Christ nous dit-on. C'est là que se fait L'APPARITION DU GRAAL (556), là où sont implantées LES TROIS CROIX (555) en rappel au CONNAIS-TOI TOI-MÊME (555). Le 1 se révèle sous toutes ses formes : 555 + 1 = 556 ; 555 + 556 = 1111.

TROIS CROIX (456) nous rappellent LE CHRIST CRUCIFIÉ (456) et le moment où est recueilli LE SANG DU CHRIST (456).

Si la QUÊTE DU GRAAL (386) nous permet d'accéder à LUCIFER DÉVOILÉ (386), c'est certainement pour mieux AIMER LA LUMIÈRE (386), là où LA QUÊTE DU GRAAL (418) représente celle de L'IMMORTALITÉ (418). Nous savons notre corps mortel, mais le sommes-nous réellement ?

Quant à Brocéliande, si ce n'est qu'un mythe, quel beau mythe ! Sa forêt avec ses arbres majestueux et mystérieux, son tombeau de Merlin, sa fontaine magique de Barenton, sa petite église de Tréhorenteuc en hommage surprenant au Graal, sont encore là pour nous faire plonger dans un monde insoupçonné et nous permettre de rêver au sein de notre monde « réel ».

Les chevaliers et le Graal.

Vitrail du Graal de l'église de Tréhorenteuc, au cœur de la forêt de Brocéliande.

Photo M. Laveau

2. La quête de la pierre philosophale

Une autre quête nous intéresse, celle que les alchimistes nomment « la pierre philosophale », sensée transformer le plomb en or. Allégorie ou non, l'alchimiste sera guidé par la TRANSMUTATION (575) de la matière. En fait, il s'agit probablement de retrouver son CHRIST INTÉRIEUR (575), nous dit la primosophie, ou encore le DESSUS-DESSOUS (575) des choses. Tout ce qui est en haut est en bas... L'alchimie est avant tout de la CHIMIE (102) destinée à retrouver les principes de DIEU (102). C'est ainsi que l'on arrive à transformer la matière vile en OR (102).

Son origine étymologique pourrait venir de Al-Khemia, une référence au pays de Khem, c'est-à-dire l'Égypte, encore et toujours... Khem c'est « le pays noir », référence à la première étape, « l'œuvre au noir » des alchimistes, au noir du corbeau que nous étudierons ci-dessous.

Des principes de base alchimiques à la « rose mystique », découvrons l'alchimie primosophique.

A) Les trois principes : sel, soufre, mercure

Voici les trois grands principes alchimiques :

– le soufre représente la partie subtile, *animus*. Il correspond à l'âme. C'est une force centrifuge, le rayon lumineux. Il est yang et représente le Père. Il travaille de l'intérieur vers l'extérieur ;

– le mercure est le *spiritus* de la matière, l'esprit de la matière, l'information qui y a été mise. Force centripète, elle est celle qui ramène au 1. C'est le miroir qui réfléchit le rayon. Il est Yin. Il représente la Mère et travaille de l'extérieur vers l'intérieur ;

– le sel correspond au corps, à ce qui fait la structure de la matière. Il se situe entre le soufre et le mercure, il « scelle » les deux aspects.

Toute l'œuvre de l'alchimiste consiste à « ouvrir » la matière (l'œuvre au noir), pour en extraire son « âme » (l'œuvre au blanc), et atteindre ainsi l'esprit de la matière (l'œuvre au rouge). Ce sera sa pierre philosophale. Or, comme par miracle, LA PIERRE PHILOSOPHALE (594) = SOUFRE + MERCURE + SEL (594). PIERRE PHILOSOPHALE (562) nous donne une autre clé : UNIR LE MOI ET LE SOI (562), là où MOI = 99 = SEL et SOI = 123 = AMOUR. Il nous faudra pour cela MAÎTRISER LA DUALITÉ (562).

Nous savons que les alchimistes utilisaient aussi la langue des oiseaux (en référence au principe volatile du mercure...), pour s'exprimer de façon cryptée. Alors utilisons-le.

La première étape consiste à aller dans LE CŒUR DE LA MATIÈRE (462), qui nous dit TROIS TIERS (462), alors que nous sommes dans « l'âme à tiers ». Quand nous aurons trouvé ce cœur de la matière, nous aurons ainsi réuni nos trois TIERS (213), autrement dit nos trois CORPS (213). Merci la primosophie.

Le SOUFRE (252) permet à l'âme de SE LIBÉRER (252). C'est le principe de L'OUVERTURE (488) de la matière, la LIBÉRATION DU SOI (488). Celui qui perce la matière PERCE LE MYSTÈRE (488), peut-être celui de la LUMIÈRE ÉTERNELLE (488). Il permet l'UNION FEU ET EAU (488), qui peut s'opérer au niveau du mercure, là où L'EAU ET LE FEU (311) nous parlent de LA TRINITÉ (311), où EAU ET FEU (242) = AMOUR (242).

Au final, le MERCURE (243) va RÉVÉLER (243) l'esprit de la matière. S'il permet à l'être humain de SE RÉVÉLER (311), c'est par le principe de LA TRINITÉ (311). LE MERCURE (281) nous offre aussi la DIFFUSION (281). Ainsi, l'esprit révélé va pouvoir se diffuser au sein de la matière.

LE SEL (137) permet l'ÉVEIL (137). C'est le SEL (99) de la VIE (99), féminin en son principe semble-t-il, car 99 = FEMME, mais peut-être aussi masculin à travers l'image du COQ (99), propre à nous réveiller. LE SEL (137) a le pouvoir de se dissoudre dans l'EAU (110) de la MÈRE (110). SE DISSOUDRE (399), c'est le PRINCIPE DIVIN (399), rattaché à L'AMOUR DE LA MÈRE (399). Il a aussi le pouvoir de SE CRISTALLISER (486), rappelant L'UNION HOMME-FEMME (486) – c'est le SOLEIL EN FUSION (486).

Pour obtenir le sel, combinons L'EAU DE MER (225) à l'action du SOLEIL (192), qui va évaporer cette eau, et nous obtenons LE GRAND ŒUVRE en 417 (225 + 192), celui du PRINCIPE FÉMININ (417).

En prenant L'EAU DE MER + LE SOLEIL (455), nous retrouvons LA PIERRE OCCULTE (455) et LE PRINCIPE FÉMININ (455). Osons de ce fait ajouter une touche féminine à L'EAU DE MER-E + LE SOLEIL = 462. Nous retrouvons alors LE CŒUR DE LA MATIÈRE (462) et nos TROIS TIERS (462), mais aussi ce QUI EST RÉVÉLÉ (462), à savoir l'ÉLÉMENT VOLATIL (462), le mère-cure. C'est L'ASCENSION DE LA MÈRE (462), pour nous laisser le SEL (99) de la VIE (99).

Derrière L'ÂME À TIERS (290), entendons « la matière », se cache L'OR DIVIN (290) tant recherché. Et derrière le 462 se cache en miroir le 264. Une fois notre pierre philosophale réalisée, nous pourrons être parfaitement dans l'ALIGNEMENT (264) et le RECENTRAGE (264). Chacun des trois CORPS (213) sera le reflet dispensé par LE CRÉATEUR (312), mais chacun devra être « rectifié », afin que ce 312 devienne 231 LUMIÈRE.

Amis alchimistes, adeptes de LA LANGUE DES OISEAUX (554), voici de quoi nous réjouir, car elle porte LE NOMBRE D'OR EN L'HOMME (554), elle fait le lien avec LE PRINCIPE CRÉATEUR (554), en permettant d'atteindre la VRAIE LUMIÈRE DIVINE (554).

Le langage primosophique vient alors révéler ce que LES VOLATILES (432) ont à nous dire : LE PÈRE CRÉATEUR (432) est accompagné de LA GRANDE MÈRE DIVINE (432), avec LA CORNE DE LA LICORNE (432) spécifiquement pour les adeptes du symbolisme alchimique, et nous ne devons pas oublier LE RÔLE DE L'AMOUR (432), sans lequel notre quête n'aurait pas de sens.

B) V.I.T.R.I.O.L.

« **V**isita **I**nteriora **T**errae, **R**ectificando **I**nvenies **O**ccultam **L**apidem. »

« Visite l'intérieur de la Terre, en rectifiant tu trouveras la pierre occulte. »

Cette célèbre formule alchimique datée du XVIe siècle, que l'on retrouve dans la franc-maçonnerie, apportée semble-t-il par des hermétistes quelque peu alchimistes, reste toujours mystérieuse. La primosophie va toutefois nous permettre de mieux la comprendre et de découvrir ce qui se cache derrière cette pierre occulte ou fameuse « pierre philosophale ».

Avant de nous plonger dans les nombres, une première lecture nous donne déjà une interprétation : nous allons vraisemblablement plonger au cœur de la matière (la terre), retrouver le juste chemin (rectifier), qui nous amènera à trouver la pierre, sous-entendu, la pierre philosophale.

Étudions maintenant ce que nous disent les nombres.

V.I.T.R.I.OL. = **311**. Nous revoilà plongés immédiatement au cœur du mystère de la Trinité (LA TRINITÉ = 311), qui SE RÉVÈLE (311).

Le 311 nous incite à L'EXPÉRIENCE (311). N'est-ce pas là l'une des premières voies de la sagesse : expérimenter ? Sinon, nous restons dans la croyance de ce que l'on peut nous dire, alors que rien ne vaut de vivre les choses. Cela sous-entend toutefois un travail personnel. Ce TRAVAIL (251) est celui qui doit nous conduire à RECTIFIER (251), comme nous le suggère la traduction de l'acronyme.

Découvrons ce que chacun des mots cache plus précisément.

VISITE = **246**, ou le 2 x 123 d'AIMER. C'est aussi le GRAND ART (246), en référence au Grand Œuvre alchimique. Un engagement à aller avec amour dans cette quête du 1 ou du 100 (UNITÉ 205 + 100 = 305 = VISITER). Nous avons une première indication quant au travail de rectification à faire. En effet, le nombre 246, après avoir été « rectifié », pourrait devenir 264, donc ALIGNEMENT, RECENTRAGE, LA PRÉSENCE, sans oublier LE CHRIST (264). Préparons-nous à être rectifié EN NOUS (264), en notre intérieur.

INTÉRIEUR = 349 = LE VITRIOL = 349 = LES NOMBRES (349). Ils semblent donc un passage obligé pour comprendre la formule. Alors plongeons à l'intérieur, au cœur de LA TERRE (231), autrement dit au cœur de LA LUMIÈRE (231). N'ayons pas peur d'aller dans LES ENTRAILLES DE LA TERRE (666), AU PLUS PROFOND DE SOI (666), retrouver LE PORTEUR DE LA LUMIÈRE (666), notre archange Lucifer, à moins que nous préférions son pendant féminin LA PORTEUSE DE LA CONSCIENCE (666).

Sur un plan purement matériel, le Vitriol est un sulfate (de fer, de cuivre, de zinc...). Pourtant, ce PRODUIT (311) nous donne une version plus spirituelle à travers la TRINITÉ (311) contenue dans ce VITRIOL (311). Le SULFATE (249) contient bien le TROIS (249) de la trinité. De la matière à l'esprit, le passage par le 3 semble inévitable...

Pour **RECTIFIER (251)**, utilisons notre troisième œil, notre GLANDE PINÉALE (251). Rappelons qu'il s'agit de l'œil d'HORUS (251), nous permettant de trouver le CHEMIN ÉCLAIRÉ (251).

Une fois **RECTIFIÉ (192)**, nous obtenons le SOLEIL (192). Nous le retrouvons aussi dans sa forme LE SOLEIL (230), comme pour bien insister, dans **LA PIERRE (230)**. Cette pierre est aussi PÈRE (120) + MÈRE (110) = 230. Le Soleil est caché dans LA NUIT (230) de LA MATRICE (225) **OCCULTE (225).** Comme pour bien insister, une PIERRE OCCULTE (423) nous amène à CONNAÎTRE LA MÈRE (423). Plus concrètement et de façon très alchimique, LA PIERRE OCCULTE (455) est L'ÉPAIS + LE SUBTILE (455). Nous le constatons : n'hésitons à pas à manier le LANGAGE DU VOLATILE (455) !

Cette Pierre occulte est symbolisée par la Pierre philosophale.

Notons que dans l'athanor de l'alchimiste se trouve « l'œuf philosophal » à l'intérieur duquel sera réalisée la pierre philosophale. Un ŒUF PHILOSOPHAL (489) n'est pas sans nous rappeler l'ACIDE SULFURIQUE (489), un des produits correspondant au Vitriol, qui permettra de séparer l'épais du subtil.

Tout cela nous amènerait à une traduction très alchimique, où la Terre serait un ATHANOR (229) pour nous offrir de rectifier ou rendre JUSTE (229). À l'intérieur de l'œuf philosophal, l'acide sulfurique permettrait l'œuvre au noir. Le 3 nous renverrait-il alors aux trois étapes de l'alchimie : l'œuvre au noir, l'œuvre au blanc, l'œuvre au rouge ? Avec L'ATHANOR (260), nous comprenons que tout doit se faire au sein de LA CONSCIENCE (260). C'est là que l'alchimie opérera.

Le GRAND ŒUVRE (379) peut se réaliser. Nous retrouvons LA VIERGE NOIRE (379), qui n'est autre qu'une représentation d'Isis, notre déesse magicienne capable de faire revivre son Osiris pour enfanter HORUS (251) ou activer notre GLANDE PINÉALE (251).

Lors de L'ŒUVRE AU BLANC (441), nous avons commencé à tailler notre pierre afin d'obtenir cette PIERRE ANGULAIRE (441) pour trouver L'ESPRIT DU GRAAL (441)... et finir sur L'ŒUVRE AU ROUGE (556), soit LE GRAND PRINCIPE DIVIN (556), au sein de la CONSCIENCE INDIVIDUELLE (556), issue du CONNAIS-TOI TOI-MÊME (555) + l'unité retrouvée.

LA PIERRE PHILOSOPHALE (594) réalisée nous connectera à LA PUISSANCE DU FÉMININ (594), déjà présente lors de L'ŒUVRE AU NOIR (525) avec LA PUISSANCE FÉMININE (525). Quant au 562 de PIERRE PHILOSOPHALE, il nous enjoint à MAÎTRISER LA DUALITÉ (562), à UNIR LE MOI ET LE SOI (562). LA LUMIÈRE DU SOLEIL (562) pourra alors resplendir.

Ainsi, par cette formule du Vitriol, n'oublions pas que nous avons à expérimenter, que ce soit dans l'athanor ou en SOI (123 d'AIMER). Depuis notre troisième œil, par la rectification, la lumière viendra nous toucher au cœur.

C) Le corbeau

Puisque nous parlons de volatile, voici l'un des oiseaux accompagnant l'alchimiste. Il est représentatif de l'un des aspects de la primosophie, à savoir qu'elle nous montre que le noir est dans le blanc et vice-versa. C'est le 69 du mot BIEN mais aussi du mot MAL, c'est le principe du Yin et du Yang.

Il n'est donc pas étonnant que pour des mots porteurs « positivement », nous trouvions aussi des mots correspondant de même nombre, mais connotés cette fois « négativement », ou inversement.

Le corbeau n'échappe pas à la règle. Cet oiseau de malheur ou de mauvais augure nous cache un mystère derrière son noir plumage. Comme toujours, il nous faudra aller voir derrière le sens premier des mots. Jean de la Fontaine le savait-il en écrivant sa célèbre fable *Le corbeau et le renard* ? Nous pourrions le penser en découvrant tout ce que nous révèlent les termes utilisés. Petit clin d'œil : DE LA FONTAINE (274) évoque LE MIROIR (274), or notre poète cherchait bien à refléter tous les travers de la société de l'époque…

© Michelle Bridges | Dreamstime.com

À première vue, le CORBEAU (186) pourrait nous rapprocher des ENFERS (186). De quoi en faire tout un FROMAGE (171), dirait M. de La Fontaine, puisque le 171 est aussi SATAN (171). Et puisque nous sommes dans une fable, le FROMAGE (171) pourrait tout aussi bien être une POMME (171). Le corbeau, avec un arbre, une pomme et Satan, ne nous rappelle-t-il rien ? Notre corbeau est sur son arbre « perché ». Perché, pécher... serait-ce une allusion à l'arbre du péché originel ?

Dans l'oiseau de mauvais AUGURE (222), nous pouvons voir LA MISÈRE (222). Ne dit-on pas, d'ailleurs, que dans les régions pauvres, « les corbeaux volent à l'envers pour ne pas voir la misère » ?

Nous avons constaté que le reflet du 2 donne un 5 ; en son retournement, notre Corbeau se métamorphose en « beau COR », le 105 du COR pouvant représenter le GRAAL (105). Nous en arrivons ainsi au BEAU CORPS (294). Alors, nous revoyons tout dans LE BON SENS (294). Et là, tout change : LA MISÈRE (222) devient LE CENTRE (222) – un message pour nous recentrer ? – et MALHEUR (223) devient PORTE (223), sans doute celle ouverte par JÉSUS lui-même (223), donc sur l'amour. Son cri glacial devient CROIS ! CROIS ! CROIS ! (555 de CONNAIS-TOI TOI-MÊME). Un CROIS (185) qui, associé avec LE CHRIST (264), deviendra 449 (185 + 264) ou JÉSUS CHRIST, ou encore ESPRIT SAINT ! Nous voilà bien loin de notre sinistre oiseau.

Pour poursuivre sur la fable, le fromage devenu pomme n'est plus le fruit du péché, mais sûrement de la CONNAISSANCE (322), elle-même en miroir À L'IMAGE DE DIEU (223) : le retournement a opéré. Ramasserons-nous la pomme ? Entendrons-nous le double LANGAGE (107), celui du PHÉNIX (214, ou 2 x 107), donc le « crois », et non plus le cri lugubre « Crrroooa » ? C'est le chant de tous les HÔTES (294), autrement dit de tous les autres BEAUX CORPS (294), qui sont dans LES BOIS (le 224 d'HARMONIE). Saurons-nous voir combien son noir PLUMAGE (207) nous ramène à la CROIX (207) ? Verrons-nous le NOIR (162) ou LE CHEMIN (162) ? Continuerons-nous à ne voir qu'une face du miroir ?

Le RENARD (172), ne s'y est pas trompé en tant qu'INITIÉ (172). C'est l'ODEUR (185) de notre « CROIS » (185) qui l'attire. Par LA RUSE (le 230 de PÈRE + MÈRE, donc grâce à Dieu, en quelque sorte), il fait ouvrir au corbeau son grand bec. Le LARGE BEC n'est autre que le 123 d'AIMER... Qui plus est, en poussant son cri, il laisse tomber LA PROIE (207), et ce serait une CROIX (207) qu'il nous donnerait, non pour nous crucifier, mais nous rappeler notre quête, notre mission de remettre en nous la verticalité, le 1 central, de retrouver l'unité perdue, au sein de notre double dualité. Merci Monsieur Renard, votre ruse a fonctionné, le corbeau est devenu BEAU CORPS, ou Beau COR (105), un magnifique GRAAL (105) !

Ajoutons une touche d'alchimie pour distinguer la couleur noire dans le corbeau, le blanc dans le fromage et le roux ou le rouge dans le renard. Les trois couleurs du Grand Œuvre, les trois étapes du CORBEAU ALCHIMIQUE (444), qui mènent à LA LUMIÈRE DU GRAAL (444), vers l'association CORPS + LUMIÈRE (444). Du corbeau, oiseau de malheur, au corps de lumière : quelle belle métamorphose !

Lors de notre prochaine rencontre avec cet oiseau, il ne nous restera plus qu'à le regarder autrement, l'entendre autrement, et il devrait nous annoncer quelque chose de beau, car dans la Grèce antique (aussi au Tibet...), on y voyait un messager des dieux. Et pour cause !

D) La rose mystique

Observons les différentes déclinaisons que nous propose la rose, la fleur mystique par excellence, symbole alchimique rappelant la connaissance des mystères du Grand Œuvre, au point de rencontre de notre verticalité et de notre horizontalité. Elle doit s'épanouir pour nous amener à la CONNAISSANCE (322), au PRINCIPE IGNÉ (322), symbolisé par le chiffre 5, des cinq pétales de la rose mystique.

Observons les déclinaisons ROSE = 170 ; LA ROSE = 202 ; ROSES = 231 ; LES ROSES = 330

Nous reconnaissons tout de suite le 231 de la LUMIÈRE, une lumière qui peut s'associer à la VIE (99) pour nous offrir le 330. En son 202, la rose est aussi un OISEAU (202). Lequel ? Sans doute le FAUCON (170) à en croire le 170 de ROSE. Le faucon, c'est Horus, celui qui guide le peuple égyptien en tant que pharaon. Il indique donc le SENS (170).

Nous pouvons aussi comprendre le mot « sens » en tant que l'un de nos cinq sens, celui de l'odorat, le plus subtil, celui que nous percevons par LE NEZ (183). Or, 183, c'est aussi les CIEUX (183) et le CŒUR (183). Nous approchons du but, il ne nous reste qu'à en percevoir le « déli-cieux » parfum, sachant que LE PARFUM = 264, celui de la PYRAMIDE (264), que LE CHRIST (264) pourrait porter. Une PREUVE (264) de plus que tout est lié ? Le PARFUM DE LA ROSE (440) nous pousse à VISER LE CŒUR (440), afin de retrouver LA SOURCE DIVINE (440), LE LIEN PÈRE ET MÈRE (440), LA JOIE ET L'AMOUR (440), L'AMOUR DU FILS (440), c'est un APPEL À LA MÈRE DIVINE (440).

Pour obtenir ce parfum, il faudra l'extraire de la plante et passer par une HUILE ESSENTIELLE DE ROSE, le 666 ! Revoilà le PORTEUR DE LA LUMIÈRE (666) ou LA PORTEUSE DE LA CONSCIENCE (666). Il fait probablement le lien avec le 606 de LA ROSE MYSTIQUE, la fameuse *Rosa mystica* des alchimistes, une rose qui pourrait s'associer à la fleur de lys pour devenir mystique, sachant que LA FLEUR DE LYS + LA ROSE = 606. Elle nous fait remonter à L'ORIGINE DE L'UNIVERS (606), mais elle est aussi LE PASSÉ ET LE FUTUR (606), elle est la MESSAGÈRE DU PLAN DIVIN (606).

Si cette rose devient ROSE ROUGE, c'est le 363 et l'annonce de la FIN DES TEMPS (363). À moins que LE ROUGE (231) nous rappelle la LUMIÈRE à atteindre. Si sa couleur est BLANCHE (102), alors nous retrouvons la pureté initiale du divin. La ROSE ROSE (340) pourrait évoquer LA DÉESSE ISIS (340).

Tels les voiles d'Isis que nous soulèverions un à un, découvrons progressivement LE CŒUR (221) de la fleur entouré de ses PÉTALES (221). En conséquence, il n'est pas étonnant que la fleur symbolise l'amour.

Quelques associations remarquables		
QUÊTE	GRAAL	105
MERLIN	THOT	194
SAINT GRAAL	L'ÉQUERRE	294
LE SAINT CALICE	L'ESPRIT L'HUMANITÉ SIRIUS-A LA GÉOMÉTRIE LE PECH DE BUGARACH	291 (miroir 192 = so -leil)
LA FORÊT DE BROCÉLIANDE	BUGARACH + LA MONTAGNE JÉSUS CHRIST = ESPRIT SAINT	449
LA LUMIÈRE	ÉQUERRE DIRECTION L'ACCÈS DIVIN ÉLECTRICIEN	263
MERLIN L'ENCHANTEUR	ÔTER L'ÉPÉE DU ROCHER	539
PIERRE PHILOSOPHALE	MAÎTRISER LA DUALITÉ UNIR LE MOI ET LE SOI	562
MOI + SOI	LE CENTRE	222
LA PIERRE PHILOSOPHALE	LA PUISSANCE DU FÉMININ SOUFRE + MERCURE + SEL	594
L'ŒUVRE AU NOIR	PUISSANCE FÉMININE	525
L'ŒUVRE AU BLANC	ESPRIT DU GRAAL LE MESSAGE D'AMOUR L'EAU MERCURIELLE ALLER VERS UN	441
L'ŒUVRE AU ROUGE	LE GRAND PRINCIPE DIVIN L'EXPÉRIENCE DE LA DUALITÉ SOMMET DU GOLGOTHA	556
LE GRAND OEUVRE	PRINCIPE FÉMININ	417
V.I.T.R.I.O.L.	TRINITÉ	311
LES ENTRAILLES DE LA TERRE	AU PLUS PROFOND DE SOI	666
EAU ET FEU	AMOUR	211
L'ESPRIT DE LA MATIÈRE	DIEU EST EN NOUS LUMIÈRE ORIGINELLE	501
LE GRAAL EST EN NOUS	REVENIR À LA SOURCE	542
SATAN	POMME	171
ROSES	LUMIÈRE	231
PARFUM DE LA ROSE	VISER LE CŒUR	440
LA SOURCE DIVINE	LE LIEN PÈRE ET MÈRE	440
CORBEAU ALCHIMIQUE	LA LUMIÈRE DU GRAAL	444
TRANSMUTATION	CHRIST INTÉRIEUR	575

Chapitre IV

Le principe féminin et son alliance avec le principe masculin

À travers les premières études primosophiques que nous venons d'aborder, nous avons déjà vu l'importance de la notion de féminin et de masculin, de femme ou d'homme, de Mère ou de Père. Les mythologies anciennes et textes sacrés nous ont laissé des images gravées dans notre imaginaire : Isis et Osiris, Zeus et Héra, Shakti et Shiva, Adam et Ève...

Il nous semblait important cependant d'y consacrer un chapitre plus spécifique, car ce concept de polarité est l'un des éléments fondamentaux de notre quête. Pris séparément ou unis, les deux polarités nous révèlent l'essence même de notre être, qui est à la fois féminine et masculine. Quel que soit notre sexe, nous portons les deux aspects en nous, en tant qu'« énergies » gouvernant nos fonctions et notre état d'être. C'est le principe du Yin et du Yang.

1. Le principe féminin

A) L'émergence du féminin

Un premier constat ou rappel s'impose : une FEMME (99) est une FILLE (99), un même nombre qui nous renvoie à la VIE (99). N'est-ce pas une première corrélation magnifique, dès lors que c'est la femme qui porte la vie en elle et donne naissance à un nouvel être dans la matière ? LA FEMME (131), définie avec l'article, appuie le caractère SACRÉ (131) de LA VIE (131) ; logique puisque « ça crée ».

Lorsqu'une femme donne la vie, elle devient MÈRE (110). 11 est d'ailleurs symbolique, représentant à la fois l'unité du 1 et la dualité puisque 1 + 1 = 2. Rappelons que LE ZÉRO (244) qui suit le 11 pour donner 110 représente la SOURCE (244) d'où proviennent toutes les âmes se réincarnant pour expérimenter le jeu de la vie. Sa forme rappelle aussi le ventre rond de la femme enceinte. C'est le cercle final qui contient le tout.

Ajoutons ce nombre 11 symbolique à LA VIE (131), et nous retrouvons LA MÈRE (142 = 131 + 11). Retirons 11 à 131 et nous obtenons le PÈRE (120). La vie se retrouve au centre des deux géniteurs.

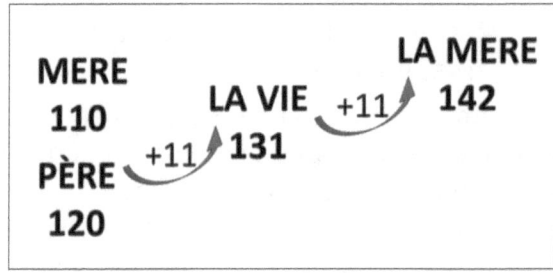

Si nous ajoutons 1 à la MÈRE (110), comme représentant la nouvelle vie qu'elle vient de créer, nous obtenons 111. Nous observons alors un processus numérique merveilleux, qui nous donne une indication sur la nature profonde de sa création : ajoutons ce nombre 111 à LA VIE (131) qui vient d'être créée, et nous comprenons que chaque nouvel être a été créé avec L'AMOUR (242) que nous avons intrinsèquement en nous, comme le dit l'expression JE SUIS (242), car un nouvel être vient de « n-aître » !

Tel est LE SECRET (242) – entendons « se crée » – de la conception, de la création, de tout être nouvellement incarné. Finalement, le mystère de la création et de Dieu est simple : c'est L'AMOUR (242). Il se manifeste à travers JE SUIS (242), car chaque ÊTRE (140) est DIEU (102) : c'est cela ÊTRE DIEU (242 = 140 + 102).

Par le fruit de l'union du Père et de la Mère naîtra L'ENFANT (199), ou la TERRE (199) en gestation, en cours de création, dans le ventre rond de LA TERRE MÈRE (341) encore dénommée GAÏA (34), celle-là même qui peut nous dire haut et fort : JE SUIS FEMME (341), en renvoyant également vers LE PÔLE FÉMININ (341).

Cet enfant est également l'image de notre propre ENFANT INTÉRIEUR (517), toujours rempli de LA LUMIÈRE DE L'AMOUR (517) de la MÈRE UNIVERSELLE (517). Étrange ou logique concordance quand l'enfant de Marie (anagramme de MAIRE, où l'on entend « mère ») sera dénommé « Jésus » ? Il ne manque que le i pour retrouver JE SU-i-S (242) qui, rappelons-le, est le même nombre que L'AMOUR (242).

Voilà quelques premiers éléments démontrant le pouvoir et la puissance de la femme, la Mère, représentante de l'énergie féminine, du principe féminin, qui porte les valeurs de l'AMOUR (211), de la PURETÉ (258), de la DOUCEUR (259) et de la BONTÉ (160), totalisant à eux quatre le très beau 888, signe d'équilibre suprême. L'ÉQUILIBRE (268) sera retrouvé grâce à LA GRANDE MÈRE (268).

Le retour au féminin sacré pourrait se décrire comme la redécouverte de l'essence féminine dans sa plus belle et plus pure expression, une reconnexion avec l'énergie féminine du divin, celle de notre MÈRE NATURE (356) pour retrouver tout L'AMOUR DE DIEU (356), qui est aussi dans LE CŒUR DE MARIE (356).

C'est l'appel à la femme sauvage et libre, l'appel de la déesse qui sommeille en chacun des êtres androgynes que nous sommes. Accepter et vivre le féminin en soi, c'est soulever LE VOILE (211), afin de faire émerger la véritable nature de ce monde et de chaque être qui le compose : AMOUR (211) et SAGESSE (211).

Retrouver sa LIBERTÉ (192), c'est ouvrir son cœur et faire émerger son SOLEIL (192) intérieur, c'est prendre son envol vers cette part de divinité en soi. S'envoler grâce à DES AILES (192), entendons « des elles », ce qui permettra au FÉMININ (213) de VOLER (213), comme a pu le faire Isis, la DÉESSE AILÉE (213).

Dans la langue des oiseaux, ELLE EST totalise ce beau (211). Elle nous confirme toute la SAGESSE (211) et l'AMOUR (211) que porte la femme en elle, et qui pourrait dire « JE SUIS » (= 242 de L'AMOUR). Si elle est « en-je » (comprenons « en soi ») ou « ange », alors ÊTRE AILÉE (205) pour une femme, c'est incarner l'UNITÉ (205) recherchée.

« La présence divine féminine en soi », que les kabbalistes désignent comme la SHEKINAH (192), doit être DÉVOILÉE (192). C'est DÉVOILER (244) la SOURCE (244), au-delà de L'APPARENCE (244) de ce monde caché derrière le voile, et nous souvenir de notre provenance.

Retrouver LA LIBERTÉ (224), de penser, de changer, d'être, tout simplement, comme l'expriment et le symbolisent la déesse mésopotamienne ISHTAR (224), mais aussi MARIE DE MAGDALA (224) ou, plus généralement, la MÈRE DE DIEU (224). C'est retrouver l'HARMONIE (224).

Être une FEMME LIBÉRÉE (231), c'est VIVRE (231) pleinement sa divinité, c'est retrouver sa LUMIÈRE (231) profonde.

Restons plein d'espoir et n'ayons pas peur, car L'AVENIR (231) est fait de LUMIÈRE (231). Et la femme n'est-elle pas l'avenir de l'Homme, dit le poète ? LE PARADIS (231) pourrait bien être sur LA TERRE (231). LE FÉMININ (213) – remarquons l'anagramme numérique de 231 – nous rappelle que nous n'avons jamais vraiment quitté le JARDIN D'ÉDEN (213). Il nous indique alors le chemin intérieur à parcourir pour se rappeler son omniprésence.

Se connecter au féminin, c'est se reconnecter à l'énergie de la Terre, et retrouver cette puissance originelle, non pas une puissance de contrôle ou de pouvoir sur autrui, mais la puissance de l'amour, du don et de la création.

L'alliance de la PUISSANCE (311) de l'AMOUR (211) totalise 522 (311 + 211), soit l'expression de L'AMOUR DE LA GRANDE MÈRE (522).

Comme nous l'avons évoqué dans le chapitre précédent, la quête du Graal est aussi là : c'est réhabiliter LA PUISSANCE DU FÉMININ (594), c'est trouver enfin LA PIERRE PHILOSOPHALE (594) des alchimistes.

Retrouver LE FÉMININ (213) passe nécessairement par redécouvrir son CORPS (213), par le respecter et le faire respecter par autrui, car le CORPS FÉMININ (388) est PUR AMOUR (388), c'est notre temple sacré. Le corps de chaque être humain est une composante du corps de la Terre Mère, notre planète. Le parallèle peut être fait avec une goutte d'eau qui serait unique en soi, et qui compose également l'océan tout entier sans distinction. Nous faisons partie du Grand Tout, nous sommes Un ! Respecter son corps, c'est donc respecter la Terre-Mère.

Le rôle du féminin est de ramener la conscience dans le corps. Elle est LA PORTEUSE DE LA CONSCIENCE (666) permettant de rétablir LA CONNEXION À SA DIVINITÉ (666), qui se trouve AU PLUS PROFOND DE SOI (666).

LA CONSCIENCE (260), c'est la MÈRE (110) qui nous rappelle à notre unité, LE UN (150), puisque 150 + 110 = 260. LE UN, anagramme de la LUNE (150), est directement lié au féminin.

La conscience est intimement liée à l'âme. Ne dit-on pas qu'il faudrait agir en notre âme et conscience ? Alors que le CORPS (213) nous dit LE FÉMININ (213), L'ÂME (76) nous dit ELLE (76). Nous sommes une âme venant s'incarner dans un corps, nous ne sommes pas qu'un corps avec une âme. L'énergie féminine est là pour nous permettre de nous en rendre compte, de nous le rappeler, de reprendre conscience de cet état de fait pour favoriser la collaboration entre le corps et l'âme pour notre expérience sur Terre. Alors oui, engageons cette fusion CORPS ET ÂME (332), traversons le CRISTALLIN (332) (entendons « Christ à l'Un ») pour y trouver LE SAINT GRAAL (332), c'est L'ESSENTIEL (332), ou « l'essence du ciel », mais voyons surtout que c'est « l'essence, si elle » est de nouveau présente à nos côtés. Grâce à ce renversement au sein du cristallin de L'ŒIL (131), et donc grâce à LA FEMME (131), sortons de ce que nous croyons être l'endroit, en allant vers l'envers, retrouver la vraie lumière.

La RÉDEMPTION (332), par l'œuvre du FÉMININ DIVIN (332), est proche. Il est l'heure, sonnez LES MATINES (332) nous disait-on enfant – les comptines ne sont jamais anodines. Sonnez la septième trompette de l'Apocalypse pour le RETOUR (306) du FÉMININ SACRÉ (306) !

Nous vivons LA FIN DE L'ÈRE DU POISSON (610), qui nous annonce l'arrivée de LA PRÉSENCE FÉMININE DIVINE (610) et nous dit : « JE SUIS LE COMMENCEMENT » (610). Réjouissons-nous de pouvoir vivre cette nouvelle ère et ce changement planétaire à venir. Nous entrons doucement dans l'ÈRE DU VERSEAU (428), qui est celle de LA PROTECTION (428) de LA PRÉSENCE DIVINE (428), celle de LA RÉCONCILIATION (428). Laissons-nous guider par L'ÉTOILE DU BERGER (428), toujours là pour nous montrer LA VOIE DE L'AMOUR (428).

C'est bien la représentation symbolique de ce qui nous attend avec LE RETOUR DE LA MÈRE DIVINE (662) incarnant l'amour et la conscience : vivre dans L'HARMONIE UNIVERSELLE (662). Elle nous permet LA RECONNEXION À L'AMOUR (662), mais pas n'importe lequel : L'AMOUR INCONDITIONNEL (662), bien sûr tel celui d'une mère pour son enfant. La Mère divine nous invite à ressentir et retrouver notre être véritable, ce que nous sommes à travers la compréhension profonde de notre être divin et de l'expression JE SUIS (242), car c'est accepter d'ÊTRE DIEU (242), qui est L'AMOUR (242). C'est exactement applicable à la mère, sous la forme féminine, car ELLE EST (211) AMOUR (211). LA MÈRE DU MONDE (351) nous invite à ÊTRE AMOUR (351). Même en tournant les mots dans tous les sens, il n'y a pas moyen d'y échapper.

Par le féminin et son émergence imminente, nous mettrons les pendules à l'heure : LES CLOCHES (264) sonnent l'heure de notre

ALIGNEMENT (264) et RECENTRAGE (264). Par le FEU FÉMININ (264), LA VÉRITÉ (264) éclatera quant à son véritable pouvoir et rôle dans ce monde : retrouver un équilibre avec le MASCULIN (264). Nous verrons alors que leur alliance permettra d'émerger à cette énergie divine EN NOUS (264). Il nous faut alors nous caler sur L'AXE (122), qui nous renvoie au FILS (122), REMETTRE L'AXE (432) en nous et, plus précisément, l'AXE SUR LE UN (432) pour retrouver ALIGNEMENT (264) et RECENTRAGE (264). Cela passe nécessairement par la LIBÉRATION DE LA FEMME (432). Le Saint Esprit, ou peut-être « la » Sainte Esprit, représentée par la colombe, nous rapporte, après un long voyage d'absence, le RAMEAU D'OLIVIER (432), symbolisant l'espoir de l'émergence d'un nouveau monde.

B) Les déclinaisons primosophiques du féminin sacré
FÉMININ SACRÉ = 306
Si nous reprenons L'ŒIL (131), qui nous rappelle le caractère SACRÉ (131) de LA FEMME (131), il existe un emplacement appelé le POINT FOCAL (306), où se concentrent tous les rayons de l'image entrante pour VOIR UN (306).

La dimension sacrée du principe féminin apparaît notamment à travers LA GRANDE DÉESSE (306), LA MÈRE DIVINE (306), la SAINTE MÈRE (306). Elle représente la conscience de la Terre, LA CONSCIENCE DE GAÏA (306). Elle est justement de RETOUR (306) pour SAUVER GAÏA (306), et nous sauver tous par la même occasion. LE FÉMININ SACRÉ (344) aura la même mission, qui sera de SAUVER LE MONDE (443), vue du côté de LA POLARITÉ (306), féminine s'entend, puisqu'il y a inversion (344/443). Sera-t-il nécessaire de construire une nouvelle arche de Noé ? Un nouveau déluge nous attend-il ? La MÈRE (110) fera-t-elle à nouveau appel à L'EAU (110) purificatrice pour laver le monde afin de repartir sur de nouvelles bases ?

Le FÉMININ SACRÉ (306) sera une ANCRE (111) JETÉE (111) À

L'EAU (111), plus précisément L'ANCRE MARINE (306) de ce bateau-Terre, ou la nouvelle arche de Noé, pour débarquer sur une nouvelle terre, afin de CRÉER LE MONDE (306) tel qu'il devait être initialement, et tel qu'il sera désormais avec la conscience revenue, avec le RETOUR (306) à l'unité.

Nous avons vu que 111 est associé à la MÈRE (110) en ajoutant le 1 de l'enfant nouveau-né. Or, il s'avère que CENT ONZE, écrit en toutes lettres, totalise 306, qui nous dit également VOIR UN (306). Le moins que nous puissions dire, c'est que nous ne voyons que des uns.

Poursuivons le raisonnement : 111 peut aussi se décrire comme UN + UN + UN (336), qui RAMÈNE AU UN (336), à l'origine, à l'UTÉRUS (336) de la Mère, dont le rôle de recentrer et de ramener vers le Un.

« LE » FÉMININ SACRÉ = 344

Avec le féminin sacré et ces chiffres 3 et 4, nous sommes au CENTRE DU CŒUR (443) de la création, À l'ORIGINE DE LA VIE (344) et donc à L'ORIGINE DE LA FEMME (344), puisque les chiffres TROIS + QUATRE (507) nous renvoient à LA DÉESSE PRIMORDIALE (507).

Nous avons vu la place du 3 et du 4 dans l'Ennéade égyptienne, 3 représentant le ciel, le triangle, le dieu égyptien Geb, et 4 la Terre, le carré, la déesse Nout.

Nous avons ici un 4 supplémentaire. Que pourrait-il vouloir nous dire ? Un 4 ajouté à GAÏA (34) aurait-il une signification particulière ?

C'est peut-être au cœur de l'ATOME (155) que nous aurons un autre élément de réponse : la décomposition de son nombre en lettres en UN + CINQ + CINQ donne 344. Faut-il y voir un lien nucléaire avec la FUSION À CHAUD (344), celle que nous retrouvons dans l'activité solaire et aurait été à l'ORIGINE DE LA VIE (344), qui est le miroir du NOYAU DE L'ATOME (443) ?

Au sein de ce 344, LE QUATRE CENTRAL (505), nous confirme qu'il a bien pour rôle la fusion, celle de la FUSION TERRE-CIEL (505), qui nous fait passer DE LA MATIÈRE À LA LUMIÈRE (505), tel l'hydrogène du Soleil en fusion, qui crée la lumière.

C'est l'union de LA LUMIÈRE + L'AMOUR (505), de LA NAISSANCE + LA MORT (505).

C'est bien revenir au centre, dans LE CŒUR DE LA CRÉATION (505) celui de LA TERRE MÈRE DIVINE (505). C'est retrouver le CENTRE DU NOYAU (505), celui d'un NOYAU CELLULAIRE (505), celui-là même qui renferme notre ADN.

À moins que ce chiffre QUATRE (258) supplémentaire, qui nous dit aussi ÉLECTRON (258), veuille seulement nous indiquer qu'une fois venue L'ÈRE DE LA MÈRE (258), notre DÉESSE MÈRE (258) nous aidera à réaliser L'UNICITÉ (258). Étant donné qu'elle aura pour rôle de recentrer, nous apportera-t-elle le centre entre LA TERRE ET LE CIEL (403) ? Effectivement, car TERRE + CENTRE + CIEL = 443, le miroir exact de notre 344 LE FÉMININ SACRÉ, mais aussi le 403 avec son 4 central.

Le QUATRE (258) serait alors LE FEU SACRÉ (258), le serpent de la Kundalini qui vient jaillir entre le masculin et le féminin (3 et 4) pour opérer la fusion des deux polarités.

LE QUATRE (296), qui vient s'ajouter à GAÏA (34), est un véritable TRÉSOR (296) – entendons treize-or – tandis que le chiffre 13 nous donne bien le chiffre 4 (1 + 3), TREIZE (256 = 2 + 5 + 6 = 13) nous rappelle que LA MÈRE DE DIEU (256) est là, toujours présente au fond de nous pour nous soutenir, comme une mère qui veille sur son enfant – merveille, nous restons dans le thème du trésor. Et la Mère, comme Marie, arbore une belle lettre M – aime –, qui est à la treizième place de notre alphabet, comme pour contrecarrer le N – haine –, qui suit (M et N sont au centre de notre alphabet). Puis le TREIZE sera surmonté d'OR (102), comme DIEU (102), nous renvoyant au chiffre 3 donné par 1 + 0 + 2.

Le trésor est dans le 4 et le 3.

2. L'alliance nécessaire avec le masculin sacré

Nous verrons que la nouvelle émergence du féminin sacré ne pourra accomplir cette mission seule. Le féminin devra nécessairement s'accompagner de son éternel pendant, le masculin sacré, afin de réaliser le plan divin, le masculin apportant le mouvement, la mise en œuvre. La complétude féminin/masculin doit donc s'accomplir, bien sûr dans l'équilibre, pour une union et une harmonie parfaite.

A) Le principe de polarité

Nous retrouvons le 443 dans LA LOI DE LA POLARITÉ, où toute chose a deux côtés, deux aspects, deux pôles, deux extrêmes... Le meilleur exemple est la notion de température, avec deux pôles opposés : le chaud et le froid. Comment connaître l'expérience du froid sans savoir ce qu'est le chaud ? Et il existe une infinité de degrés différents entre chaque extrémité.

La primosophie nous permet de mettre en lumière les interactions et les connexions entre ces deux principes fondamentaux que sont le masculin et le féminin, et de nous rendre compte de corrélations peut-être inattendues de prime abord, mais qui existent, notamment dans l'alchimie, la physique, l'art, les mythes égyptiens et mésopotamiens, l'astronomie, etc.

Un premier constat de cette complémentarité entre LES GENRES MASCULIN ET FÉMININ (800) nous renvoie à l'UNION DE LA TERRE ET DU SOLEIL (800), aux DEUX SERPENTS ENTRELACÉS (800), qui nous rappelle le caducée d'Hermès, et les énergies serpentines de la Kundalini que nous préciserons en abordant Isis.

Les notions de féminin ou de masculin ne font pas de références préétablies au sexe biologique, car chaque personne doit reconnecter cette part de féminin **et** de masculin en elle pour retrouver son équilibre, peu importe son sexe. À l'heure où la théorie de genre préoccupe nos sociétés, la primosophie peut apporter des pistes de réflexion.

B) L'union des deux polarités
FEMME / HOMME

Rappelons tout d'abord que la notion de principe féminin et masculin évoque des énergies et des valeurs qui ne sont pas associées seulement et uniquement à une personne du sexe féminin ou du sexe masculin. Ce que nous souhaitons étudier ici, c'est l'interaction, l'union, la fusion entre les deux pour retrouver l'unité originelle de la Création.

FEMME (99) + HOMME (141) = 240

Ce nombre nous confirme que les deux réunis forment LE COUPLE (240) que nous pourrions qualifier d'« originel ». De leur union naîtra également une nouvelle CRÉATION (240), que ce soit un enfant ou un nouveau monde.

L'union des opposés est parfaitement représentée par le symbole de la philosophie taoïste chinoise, du Yin (féminin) et du Yang (masculin). C'est un symbole intriquant le BLANC (78) et le NOIR (162), dont l'union numérique totalise 240 (78 + 162).

L'ÉNERGIE YIN (333) nous renvoie vers LE CÔTÉ FÉMININ (333), le SEXE FÉMININ (333) et LA VIERGE MARIE (333).

L'ÉNERGIE YANG (328) nous renvoie vers LE CADUCÉE D'HERMÈS (328), attribut du dieu grec messager de Zeus offert par Apollon, dieu des arts, du chant, de la musique, de la beauté masculine, de la poésie et de la lumière.

L'alliance des deux (333 + 328) nous donne le nombre 661, qui permet de retrouver l'équilibre parfait à travers LA CONSCIENCE DE L'HOMME ET DE LA FEMME (661) dans LE CORPS DE L'HOMME CHRIST (661), « Homme » étant pris dans cette dernière expression dans le sens d'« Humain ». Cette unification est en chemin et est nécessaire pour LE DÉBUT DE L'ÈRE DU VERSEAU (661).

LE YIN ET LE YANG (443), représentation de LA LOI DE LA POLARITÉ (443), devient donc un symbole PARFAIT (205) d'UNITÉ

(205). Remettons LE FÉMININ SACRÉ (344) à sa juste place et nous atteindrons l'ÉQUILIBRE DU YIN ET DU YANG (787 = 443 + 344).

LA FEMME + L'HOMME = 303

Il s'agit de la réunion du plan de DIEU (102) et de la DUALITÉ (201). Quelle merveilleuse association ! Ce nombre révèle également l'archange SAINT MICHEL (303), protecteur et saint patron de la France, représenté terrassant au sol LUCIFER (201) et pointant du doigt DIEU (102) vers le ciel ou, avec sa lance, faisant le pont entre Dieu et Lucifer.

PÈRE / MÈRE

PÈRE (120) + MÈRE (110) = 230

Ils représentent LA SPHÈRE (230). De leur union naîtra un nouvel être – celui qui se fera appeler LE MESSIE (230) ? L'ENFANT (199) est à l'image d'une TERRE (199) sphérique, ou de LA TERRE (231) de LUMIÈRE (231).

Précisons que ce messie, ou celui qui sera L'ENFANT JÉSUS (422) dans la tradition chrétienne, nous renvoie à l'union des deux parents égyptiens mythologiques que sont ISIS (160) et OSIRIS (262) ; 160 + 262 = 422, confirmant que leur union apporte LA VRAIE LUMIÈRE (422).

Jésus, ou « le Fils », pourrait donc être assimilé à HORUS (251), l'enfant d'Isis et d'Osiris, représentant le CHEMIN ÉCLAIRÉ (251).

LA NAISSANCE DE JÉSUS (502) nous ramène à nouveau au mythe égyptien en tant que miroir d'ORION (205), dont la constellation est précisément symbolisée par Osiris.

Cette naissance serait-elle l'une des manifestations de LA DESCENTE DE LA CONSCIENCE (502) ? Tel le SAINT ESPRIT (449) que recevra JÉSUS CHRIST (449), démontrant ainsi l'association indispensable à l'être humain : L'AMOUR + LA CONSCIENCE (502).

L'UNION SACRÉE

Voici ce qui est peut-être la plus belle et la plus surprenante des alliances des deux pôles masculin et féminin, dans leur dimension sacrée. Nous pourrions même constater que L'UNION SACRÉE (384) représente LA COUPE DU GRAAL (384).

Rappelons en préambule que le COUPLE SACRÉ (333) est L'ÉQUATION (333) parfaite pour FAIRE l'UNITÉ (333) ou ne FAIRE QU'UN (333) et voir apparaître la LUMIÈRE (231) de DIEU (102) (231 + 102 = 333), la fameuse LUMIÈRE BLANCHE (333) du Saint Esprit, de la blanche colombe.

Ce n'est pas non plus sans rappeler la COURONNE BLANCHE (410), appelée Hedjet, portée par les pharaons de la Haute-Égypte, qui confirmerait L'UNION DIVINE (410) entre L'ÂME ET LA CONSCIENCE (410) et la réussite du passage à l'ŒUVRE AU BLANC (410).

Cette couronne blanche s'unit d'ailleurs à la couronne rouge du roi de la Basse-Égypte, pour former le PSCHENT (243) (en grec), qui correspond à l'aspect de l'esprit des alchimistes pour le grand œuvre qu'est le MERCURE (243). Cette couronne est appelée SKHEMTY (307) (en égyptien), pour régner sur le ROYAUME (307) complet du Pharaon, de haute et basse Égypte.

De nouveau, c'est une union symbolique.

Revenons à l'union de ces deux énergies féminines et masculines dans leur dimension divine, dont la complémentarité est parfaite :

LE FÉMININ SACRÉ	344	777
LE MASCULIN SACRÉ	433	

Non seulement l'un est l'exact complémentaire de l'autre, mais leur association totalise ce beau 777.

Si, dans 344 du féminin sacré, le 4 vient se mettre au centre, c'est le 3 qui vient se poser pour le masculin sacré au centre, soit LA TERRE ET LE CIEL (403).

LE TROIS CENTRAL (496) nous parle de RÉSURRECTION (496), celle d'Osiris par l'action d'Isis, et celle du Christ. Elle sera finalement celle de chacun d'entre nous, une fois que nous aurons atteint cette unité.

LE MASCULIN SACRÉ nous renvoie à la notion de LA RÉINCARNATION (433) et de LA RÉUNIFICATION (433), tel Osiris qui, une fois découpé en morceaux par Seth, est réunifié par Isis, lui permettant une forme de nouvelle incarnation.

Ce masculin sacré a un rôle primordial : celui d'accompagner le féminin sacré dans cette transformation du monde et de la conscience. En ayant mangé le fruit de L'ARBRE DE LA CONNAISSANCE (525), Adam et Ève entraînèrent les hommes dans l'EXPÉRIENCE DE LA DUALITÉ (525) sur Terre (dans la matière dense), les poussèrent à se connaître vraiment, dans leur nudité, découvrir symboliquement LE PÔLE NORD ET SUD (525), les deux faces d'une même réalité, de vivre toutes les notions possibles de la vie. Il est temps désormais de retrouver l'unité du jardin d'Éden et remettre de l'ordre dans ce chaos, où la dualité s'est beaucoup trop imposée, en ayant complètement occultée que le but du jeu ou du « je » est de retrouver l'unité.

Que nous dit alors le résultat de l'union qu'est le 777 (344 + 433) ?

Que tout est réuni, que tout est unifié, que TOUT EST DANS LE TOUT (777) et LE CORPS HUMAIN EST UNITÉ (777), la femme et l'homme ne font plus qu'un.

LA CLEF DE L'ÉNIGME (251) se trouverait donc dans LE CORPS (251), qui nous montre LE CHEMIN ÉCLAIRÉ (251) vers LA VRAIE LUMIÈRE (422) de l'alliance ISIS + OSIRIS (422). Or, LA GLANDE

PINÉALE (251), située au niveau du cerveau, ressemble étrangement à l'œil d'HORUS (251).

À gauche, la glande pinéale vue en coupe ; à droite, l'œil d'Horus

En effet, nous voyons en 251 le découpage 2 et 51 :

– cela nous renvoie à nouveau en Égypte, avec l'angle admis de 51° 51' de la Grande Pyramide ;

– le nom d'ISIS se retrouve également dans le nombre 5I5I, en chiffre digital inversé : 5I5I devient I5I5.

En scindant 251 en 2 et 51 :

– avec le jeu de miroir 51 et 15, nous obtenons (en toutes lettres) : CINQUANTE ET UN + QUINZE = 777 ;

– 2 x 51 = 102 = DIEU = OR.

Remarquons la décomposition du nom O-SI-R-IS : c'est ISIS + OR, ou ISIS + DIEU, que nous retrouvons dans H-OR-US (251), qui nous dit LE C-OR-PS (251). Dieu, la source, l'univers sont dans notre corps, ils sont en nous, à nous d'aller TROUVER LE TRÉSOR AU FOND DE SOI (1020, dix-vingt/divin) et même AU PLUS PROFOND DE SOI (666).

FÉMININ / MASCULIN

L'alliance de FÉMININ (175) et MASCULIN (264) nous offre la magnifique image poétique de DEUX ÂMES EN UNE (439 = 175 + 264) !

Le 175 de féminin se construit avec 1 et 5 comme vu précédemment, et le chiffre 7 au centre.

Par ailleurs, alors que L'EAU (110) renvoie à la MÈRE (110), le 175 de FÉMININ nous dit aussi la PLUIE (175).

Tandis que nous entamons l'ère du verse-eau, remarquons que la représentation zodiacale est une jarre penchée déversant de l'eau, indiquant peut-être alors l'ère du retour de la mère et des valeurs du principe féminin.

Quant au MASCULIN (264), il renvoie directement à LA PRÉSENCE (264) EN NOUS (264) de notre divinité, celle représentée par LE CHRIST (264) lui-même. C'est également LA VÉRITÉ (264). « En vérité, en vérité, je vous le dis » rapporte l'Évangile selon Jean au chapitre 5, celle que nous a révélée jadis celui portant le même nombre précité. Il appartient donc au masculin d'aider à faire émerger ce féminin en agissant et versant sur le monde L'EAU DE LA MÈRE (264).

LE FÉMININ (213) et LE MASCULIN (302) totalisant 515 nous confirment encore et toujours que leur union et la révélation de l'unité est UN MESSAGE D'AMOUR (515). C'est l'alliance CORPS ET CONSCIENCE (515) nécessaire pour vivre en harmonie et dans l'équilibre, dans l'unité retrouvée.

Enfin, unissons cette fois-ci LE PRINCIPE FÉMININ et LE PRINCIPE MASCULIN.

Pourquoi LE PRINCIPE (280) ? Parce qu'il résume à lui seul toute l'EXPÉRIENCE (280). Celle de la vie dans la matière, de la vie duelle, de chaque polarité, aussi bien dans son aspect, dirons-nous « concret », avec les valeurs qui leur sont associées, que divin, sacré. Et par la notion de PRINCIPE (242), nous entendons L'AMOUR (242), avec lequel nous vivons et terminons notre expérience sur la planète Terre. Voici l'alliance des principes :

LE PRINCIPE FÉMININ	455	999
LE PRINCIPE MASCULIN	544	

...et l'incroyable complémentarité des deux pôles !

Bien entendu, vous avez remarqué le total : 999, lequel appuie encore plus fort cette association dans sa dimension sacrée, puisque ALLIER LE FÉMININ SACRÉ ET LE MASCULIN SACRÉ = 999.

Il marque d'autant plus la symbolique du 9, qui est la fin d'un cycle, la fin des chiffres uniques de 1 à 9, puisque la prochaine marche sera le 10, nombre qui réunit à la fois l'unité, le 1, et le ZÉRO (244), qui est la SOURCE (244).

Cette union des deux principes nous confirme alors que le but est atteint : il correspond à L'AMOUR ET L'UNITÉ RETROUVÉS (999), c'est là qu'est LA RÉVÉLATION DES NOMBRES PREMIERS (999) utilisés par la primosophie.

Nous avons donc 777 pour LE FÉMININ SACRÉ + LE MASCULIN SACRÉ, et 999 pour l'alliance des principes. Ne manque-t-il pas 888, le 8 symbolisant l'équilibre, par l'association de deux boucles identiques revenant à un seul et même centre par un mouvement infini ? Il est bien le nombre qui démontre L'ÉQUILIBRE DU MASCULIN ET FÉMININ (888). HUIT HUIT HUIT = LES TROIS HUIT = 522, soit L'AMOUR DE LA GRANDE MÈRE (522) et LA PAROLE DU CHRIST (522).

C) LE RÔLE DE LA FRANCE (344)

LE RÔLE DE LA FRANCE (344) est d'INCARNER LE FÉMININ (443), car LA FORCE DE LA FRANCE (321) réside dans LE RÔLE DE LA FEMME (321), qui détient LA CLÉ DE L'UNITÉ (321).

La France nous MÈNE À HORUS (344), celui qui est le symbole de l'union d'ISIS et d'OSIRIS, le masculin et le féminin. C'est à fois LE FILS (160) d'ISIS (160) et le FILS (122) représenté sur la FRANCE (122) par L'AXE (122), le méridien central. Rappelons que la France fut longtemps le point de repère sur le globe, avec l'axe de Paris constituant le méridien Zéro, avant qu'il ne soit placé sur Greenwich, en Angleterre, en 1871.

Cet axe sur Paris, (dont le nom viendrait de PARISIS), revêt une importance « capitale » : LE MÉRIDIEN DE PARIS (431) donne LA TERRE MÈRE (431) et nous indique d'aller VERS LA TERRE (431), où se trouve la lumière, afin de CONNAÎTRE LE UN (431). Nous noterons que LA PRIMOSOPHIE (431) nous offre tout cela à elle seule.

À Paris, nous avons la PLACE DE L'ÉTOILE (306), présente pour nous rappeler la notion de FÉMININ SACRÉ (306). Une façon de nous signaler que LA PLACE DE LA FRANCE DANS LE MONDE (566) serait la représentation symbolique de L'AXE DE LA PLANÈTE TERRE (566).

D) Un pays d'amour et de lumière

La France a donc ce rôle d'incarner le féminin, celui d'engendrer notre éveil, cette prise de conscience générale, de faire jaillir notre lumière, celle de l'amour, ce que nous sommes tous intrinsèquement et qui sommeille en chacun de nous, attendant impatiemment le réveil de la force.

Paris étant mondialement considérée comme LA ville de l'amour, la France serait-elle LE PAYS DE L'AMOUR (490), alliant AMOUR ET UNITÉ (490) ? Et puisque incarner le féminin signifie, entre autres, le retour de la conscience, alors ce pays de l'amour qu'est la France aura ce rôle d'INCARNER LA CONSCIENCE (490). Quant à INCARNER L'AMOUR (472), c'est bien être en capacité d'entendre la VOIX DE L'AMOUR (472) et faire jaillir LA LUMIÈRE DU MONDE (472). Paris est aussi appelée LA VILLE LUMIÈRE (424), ce qui démontre qu'elle nous permettra de retrouver LA CONSCIENCE DIVINE (424).

L'AMOUR (242) représente L'ÂME DE LA FRANCE (242)

La France devra donc révéler sa propre âme qu'est l'amour, afin que chacun puisse s'y connecter et incarner le féminin. C'est le rôle que nous évoquions de MADELEINE (155), représentée par la carte n° 11 du tarot de Marseille appelée LA FORCE (155), où une femme ouvre la gueule du lion, afin de lui dire qu'il est l'heure de rugir de nouveau.

Cette âme, c'est donc celle de Marie, sous toutes ses formes et représentations. Or, si MARIE est tout d'abord l'anagramme du verbe AIMER, L'ÂME DE MARIE (211) totalise le beau 211 du mot AMOUR (211). Ah, quelle BELLE ÂME (123) MARIE (123) ! D'ailleurs, les lettres de l'ÂME se retrouvent dans le nom de MA(RI)E. Remarquons le lien phonétique entre AM-e et AM-our, voire MA-rie. Il reste les lettres RI (78), qui, si elles nous font sou-ri-re, nous invitant ainsi à être dans la joie permanente, confirment que l'âme de Marie est si BELLE (78). Que dire de la célèbre cantatrice la CASTAFIORE dans les aventures de Tintin, qui chante à tue-tête : « Je 'ris' de me voir 'si belle' en ce miroir. » Voudrait-on nous amener vers la DÉESSE CYBÈLE (287), (entendons « si belle »), déesse phrygienne de la Terre, de la nature et du savoir, présentée comme déesse mère des dieux, qui nous renvoie à LA PLACE DE LA FRANCE (287), dont le bonnet phrygien est désormais le symbole associé à la Marianne française ?

Nous pouvons donc affirmer haut et fort à propos de cette BELLE ÂME (123) qu'est MARIE (123), qu'ELLE EST (211) AMOUR (211).

Rappelons que la vierge Marie nous « donna » son FILS (122), qui fit passer le message de sa mère MARIE (123), qui est d'AIMER (123), car UN + DEUX + TROIS (527), c'est LE MESSAGE DU CHRIST (527).

Or, ce rôle du FILS (122) est également celui de la FRANCE (122) : faire descendre l'Esprit saint issu de a Mère et cet amour qu'elle a mis dans sa création, l'amour qu'elle est elle-même.

La France est également appelée LA FILLE DE L'ÉGLISE (312). Nous remarquons non seulement la présence des mêmes chiffres que MARIE (123), mais cette expression est l'ANNONCE DE MARIE (312) confirmant, d'une part, la présence de LA MÈRE

EN FRANCE (312), qui nous renvoie vers LE CRÉATEUR (312), et, d'autre part, que LA FIN DU CYCLE (312) dans lequel nous entrons correspond à la période entamant LE SACRE DE LA FEMME (312).

Il est temps d'OUVRIR SON CŒUR (652) à LA MÈRE DE DIEU (256). Nous avions L'ÂME DE MARIE (211) qui nous disait AMOUR (211), eh bien nous avons LE CŒUR DE MARIE (356), qui n'est autre que la matérialisation sur Terre de L'AMOUR DE DIEU (356).

Ressentir et incarner L'AMOUR DE LA MÈRE (396), c'est ressentir en soi la PRÉSENCE DIVINE (396), laquelle est présente aussi dans ce plan inversé qu'est la DUALITÉ (201), puisque DEUX CENT UN = 396. C'est allier LE CŒUR (183), symbole et centre de l'énergie d'amour, avec le CORPS (213), outil de la Mère, du FÉMININ (213), car 183 + 213 = 396.

Alors, quel autre pays que la France pourrait mieux mettre en avant et représenter cette PRÉSENCE DIVINE (396), cet amour de la Mère, dès lors que celle-ci peut s'exprimer en affirmant : JE SUIS LA FRANCE (396) ?

En effet, LE SECRET (242) réside dans le JE SUIS (242), dans ce que nous sommes intrinsèquement : L'AMOUR (242). C'est cela ÊTRE DIEU (242). L'ÂME DE LA FRANCE (242), qui est associée à L'ÂME DE MARIE (211 = AMOUR), en est la parfaite représentation, pour nous révéler cette vérité si simple et si belle : 211 + 242 = 453 = AMOUR − PAIX - JOIE.

Quelques associations remarquables		
FEMME	FILLE VIE	99
LA FEMME	SACRÉ LA VIE	131
MÈRE	CERCLE	110
LA MÈRE	JE SUIS L'AMOUR L'ÂME DE LA FRANCE ÊTRE DIEU	242
MARIE	AIMER SOI	123
LE CŒUR DE MARIE	L'AMOUR DE DIEU	356
FEMME LIBÉRÉE	VIVRE LUMIÈRE L'AVENIR	231
LA PUISSANCE DU FÉMININ	LA PIERRE PHILOSOPHALE	594
LE FÉMININ	CORPS	213
LA PORTEUSE DE LA CONSCIENCE	LA CONNEXION À SA DIVINITÉ	666
LA PRÉSENCE DIVINE	LA VOIE DE L'AMOUR	428
LE RETOUR DE LA MÈRE DIVINE	L'HARMONIE UNIVERSELLE LA RECONNEXION À L'AMOUR	662
FÉMININ SACRÉ	LA GRANDE DÉESSE LA MÈRE DIVINE	306
LE FÉMININ SACRÉ	À L'ORIGINE DE LA VIE À L'ORIGINE DE LA FEMME LE RÔLE DE LA FRANCE	344
LE PRINCIPE FÉMININ	AU SERVICE DE LA MÈRE ÉNERGIE DU CHRIST UNION HOMME FEMME	455
LE FÉMININ SACRÉ 344 + LE MASCULIN SACRÉ 433	TOUT EST DANS LE TOUT	777
L'ÉQUILIBRE DU FÉMININ ET MASCULIN	AMOUR + BONTÉ + PURETÉ + DOUCEUR	888

LE PRINCIPE FÉMININ 455 + LE PRINCIPE MASCULIN 544	L'AMOUR ET L'UNITÉ RETROUVÉS ALLIER LE FÉMININ SACRÉ ET LE MASCULIN SACRÉ	999
HOMME FEMME	LE COUPLE CRÉATION	240
LE YIN ET LE YANG	LA LOI DE POLARITÉ	443
L'ÂME DE MARIE	AMOUR	211
LA VIERGE MARIE	COUPLE SACRÉ DIEU + LUMIÈRE FAIRE QU'UN	333

Chapitre V

De l'importance du centre et du Un

De par cette étude, nous constatons que la notion de nombre premier en primosophie est loin d'être anodine. Pourquoi ce code n'utilise-t-il que les nombres qui se divisent par eux-mêmes et par le chiffre un ? Parce que chaque nombre porte en lui sa raison d'être, son symbolisme, son énergie spécifique, en étant relié à ce qui constitue l'unité, le Un ? Tout est parti de ce Un, et nous devons aujourd'hui le retrouver en nous, en ce monde. Tout ce que nous venons de présenter le démontre. Il va nous falloir viser juste, trouver d'abord la bonne cible et ouvrir le bon œil, afin de retrouver le centre de toutes choses, but ultime de notre quête.

1. Viser le centre : l'arc et la cible

Pour nous aider à compléter notre quête, n'hésitons pas à utiliser l'arc et chercher le centre de la cible, car qui dit CIBLE (94), dit aussi L'ARC (94). Voilà déjà une première indication.

Partons déjà de L'ARC-EN-CIEL (202). Sa lumière, avec toutes les couleurs, devient alors VISIBLE (212). Il ne reste plus qu'à trouver LE CENTRE (222) : 202, 212, 222, nous y voilà. À noter que lorsque nous observons deux ARCS-EN-CIEL (232), phénomène assez répandu, nous touchons du doigt une VÉRITÉ (232) profonde. Une fois de plus, LA VÉRITÉ (264) se cache au sein de la PYRAMIDE (264). Les deux angles de Khéops de 51°51' (au milieu des pentes) et de 42° (sur les arrêtes) correspondent aux angles de réfraction de la lumière au sein des gouttelettes d'eau jouant le rôle de prisme : 42° au milieu de l'arc primaire (vert/bleu), le plus visible, et 51°51' en limite du visible et de l'invisible (rouge/infrarouge) pour l'arc supérieur, souvent plus discret. Quand Dieu parle à Noé (Gn 9-13) et annonce « J'ai placé mon arc dans la nuée, et il servira de signe d'alliance entre moi et la terre », en aurions-nous ici LA PREUVE (264) ?

Toujours à propos d'arc, une figure remarquable nous amène à Orion en la représentation de la déesse Artémis (ou Diane chez les Romains). Elle est « la divine », l'incarnation de la lumière du jour, qui tire sa flèche sur le géant Orion, le fixant à jamais dans le ciel.

La déesse Diane / Artémis représentée avec la biche, son arc et ses flèches, et un croissant de lune sur la tête
© Ruslan Gilmanshin et © Galina Ermolaeva | Dreamstime.com

Elle porte LA LUNE (182) sur la tête et son activité favorite est LA CHASSE (182). À travers cette activité que certains trouveront quelque peu barbare, ne recherche-t-elle pas le REFLET (182) de sa propre lumière, celle du Soleil sur la Lune ? N'est-ce pas là notre quête : retrouver notre reflet dans une autre dimension de nous-même ? Si tel est le cas, munissons-nous de notre arc et trouvons la cible. À son tour, ARTÉMIS (251) représente LE CHEMIN ÉCLAIRÉ (251), tel HORUS (251) pour les Égyptiens, alors suivons-là. Elle nous mène à la biche, souvent représentée à ses côtés. Il lui faudra CIBLER LA BICHE (201), à l'aide de L'ARC D'OR (201). Autrement dit, elle nous montre le chemin de la DUALITÉ (201). C'est là qu'il nous faut œuvrer, afin de retrouver notre unité ou, disons-le, DIEU (102), reflet du 201. Il nous faut TUER LA BICHE (284), qui relève du Grand Art (LE GRAND ART = 284), expression utilisée par les alchimistes, dont le but n'est autre que de transformer notre 201 en 102, transmuter la matière pour y trouver l'essence divine. L'ARCHÈRE (184), autre surnom d'Artémis, sait où se trouve ce CENTRE (184), qui est aussi le MILIEU (184). Regardons où elle tire sa flèche : sur le géant Orion. Trompée par son frère Apollon, elle le vise et le « plante » ainsi dans le ciel à jamais. Or, nous avons déjà vu qu'ORION (205), c'est la piste de l'UNITÉ (205). Elle vise le centre d'Orion, que nous pourrions situer sur le point de croisement de LA CROIX D'ORION (449), tel un RAYON D'AMOUR (449), ce qui permet de REVENIR AU UN (449). C'est le UN, CENTRE UNIVERSEL (665) de cette CONSTELLATION D'ORION (665) qui nous relie à LA DÉESSE MÈRE UNIVERSELLE (665).

Artémis nous guide aussi vers un autre CENTRE DE LA CIBLE (290), qui est SIRIUS (290), l'étoile d'Isis présente dans la constellation du Grand Chien. Sirius est indissociable d'Orion, représentant à eux deux le couple divin Isis et Osiris.

Avec L'ARC D'ARTÉMIS (350), nous sommes DANS L'AMOUR (350). Avec UN ŒIL (212), et l'ŒIL GAUCHE (212) si possible, visons le centre et envoyons cette unité avec notre flèche afin d'obtenir LE CENTRE (222). Pour cela, il nous faut VISER LE UN (369), ce 1 central au sein du 212. 369 pourrait alors représenter une ÉNERGIE D'AMOUR (369), sachant que 3 x 123 (AIMER) = 369. Il s'agit de viser Orion, dans le CHAKRA DU CŒUR (369). LE CŒUR (221) s'associe au UN (112) pour nous donner ce sublime

333 de DIEU + LUMIÈRE… Le voile d'Isis (VOILE + ISIS = 333) ou même LES VOILES (333) peuvent se soulever quelque peu pour nous délivrer LE SECRET (242), qui reste encore et toujours, celui de L'AMOUR (242), celui de LA MÈRE (242).

Au final, il s'agit donc, comme nous l'évoquions en préambule, de VISER JUSTE (448), afin d'obtenir L'UNITÉ PARFAITE (448). Il nous faut trouver LA DIRECTION DU CENTRE (555), qui nous mène au fameux CONNAIS-TOI TOI-MÊME (555). LE CENTRE étant 222, il ne nous manque plus que le 333 de DIEU + LUMIÈRE, ou bien celle que nous allons trouver au centre : LA VIERGE MARIE (333).

VISER LE CENTRE (441), c'est retrouver LE MESSAGE D'AMOUR (441), et ALLER VERS UN (441) et L'ORIGINE DU MONDE (441). Si nous n'avons toujours pas compris le message, il nous est aussi délivré par l'arc-en-ciel : PLUIE ET SOLEIL = 441.

Sous la pluie et le soleil, nous sommes dans l'union EAU ET FEU (242), le 242 de L'AMOUR. LE SOLEIL (230), nécessaire à l'arc en ciel, représente l'union PÈRE (120) + MÈRE (110), tandis que nous sommes SOUS LA PLUIE (443), UNI(s) VERS UN (443), que l'on peut entendre aussi UNIVERS UN (443). Sans doute un magnifique message d'amour dans le ciel pour tenter de SAUVER LE MONDE (443)…

Nous ne pouvons évoquer la notion d'arc sans penser à l'arc de Triomphe : TRIOMPHE (296) = LA PYRAMIDE (296). Encore et toujours… Sachant que le plus représentatif des arcs de triomphe en France reste celui de la PLACE DE L'ÉTOILE (306), qui nous dit POINT FOCAL (306), VOIR UN (306) et FÉMININ SACRÉ (306). De quoi se poser les questions : « Quelle est la véritable place de l'étoile ? » et « Quelle étoile ? »

Un autre symbole national nous amène au 1 : JEANNE D'ARC (188), qui représente aussi le ONZE (188). On nous dit qu'elle entendit des voix, alors testons LES VOIX DE JEANNE (449), qui nous donne ESPRIT-SAINT et JÉSUS-CHRIST… Elle serait NÉE

À DOMRÉMY (333), soit LA VIERGE MARIE (333), DIEU + LUMIÈRE (333)...

JEANNE LA PUCELLE (349) ? C'est le CŒUR DE LA FRANCE (349). Brûlée à ROUEN (221), nous dit-on, elle y aurait laissé la vie, mais LE CŒUR (221) de Jeanne bat toujours quelque part. Peu importe son histoire réelle ou enjolivée, mais que beaucoup ont à cœur de maintenir et, maintenant, nous comprenons pourquoi. Ce qui compte est le message qu'au fil du temps nous laissons pour les générations futures et que les nombres viennent éclairer de leur sagesse.

2. La sagesse du Un
A) Primosophie de la primosophie.

À l'issue de cette étude, s'impose la question de savoir ce que nous révèle le mot « primosophie ». Fut-il inventé « par hasard » par Georges Vermard au début de ce siècle ?

Partons de LA PRIMOSOPHIE (431), du grec *primo-sophia*, que nous pourrions traduire comme étant LA SAGESSE DES NOMBRES PREMIERS (862), soit le double de 431. N'y a-t-il pas de quoi devenir ADEPTE (134, miroir de 431) de la primosophie ? Il en faudra peut-être plus, mais une bonne surprise peut en cacher une autre, découverte seulement dix-neuf ans après l'invention du mot : LA SAGESSE DU UN = 431. Nous voilà ainsi autorisés à envisager LE NOMBRE PREMIER (462) comme étant celui QUI EST RÉVÉLÉ (462), au sein de la TRINITÉ CÉLESTE (462). Effet miroir oblige, il nous révèle LE CHRIST (264) lui-même, le chemin vers LA VÉRITÉ (264) EN NOUS (264).

431 nous entraîne aussi vers DONNER NAISSANCE (431), une belle définition de la primosophie. C'est faire vivre les mots en leur donnant un souffle de vie à travers le nombre, qui les réunit entre eux, en leur conférant plus de sens encore. La prise de conscience de ce qu'ils véhiculent donne naissance à une énergie palpable en nous.

431, c'est aussi une direction à suivre, semble-t-il : VERS LA TERRE (431). Pourquoi baisser la tête alors que la lumière serait a priori en haut ? Tout est là, tout est inversé. La primosophie nous dit que la LUMIÈRE (231) est dans LA TERRE (231) ? Alors n'hésitons pas à « visiter l'intérieur de la terre... » comme nous l'avons vu précédemment avec les alchimistes.

431, c'est, enfin, comprendre que LA CONSCIENCE EN SOI (431) est dans notre double spirituel, en notre « soi », plus que dans le cerveau. À chacun de le CONSCIENTISER (431).

Prenons le mot seul, sans l'article : PRIMOSOPHIE (399). Quelle merveille de découvrir que c'est aussi L'AMOUR DIVIN (399) ! Ajoutons-lui ce 1 recherché : 399 + 1 = 400 = SAGESSE + NOMBRE. Signalons que la primosophie place la France, le français et son alphabet, au cœur de ce système de décodage. Le 400 nous rappelle le MÉRIDIEN ZÉRO (400), aujourd'hui méridien de Greenwich, la référence actuelle, mais initialement sur Paris. C'est donc un point de repère important sur la PLANÈTE TERRE (400).

Décortiquons un peu plus le mot : PRIMO = 205, l'UNITÉ (205), en passant par ORION (205). La référence aux nombres PREMIERS (296) nous renvoie vers un autre nombre symbolique : le NOMBRE D'OR = 296. Le nombre d'or étant égal à 1,618, faut-il y voir un lien entre le 1 et le 618 ? C'est une possibilité à envisager, surtout lorsque nous découvrons que L'ÂME + LE CORPS + L'ESPRIT = 618. Une belle association pour nous montrer que tout doit être réunifié.

Quant à SOPHIE (194), c'est le 194 de THOT et de MERLIN. La quête du Graal n'est pas loin... C'est sans doute sainte Sophie qui va nous étonner davantage. Cette martyre de Rome du IIe siècle avait trois filles représentant la foi, l'espérance et la charité. Observons alors la parabole qui se dessine :

LA FOI = 105, c'est notre GRAAL ; L'ESPÉRANCE = 264, c'est LE CHRIST ; LA CHARITÉ = 205, c'est l'UNITÉ.

Nous pouvons remercier saine Sophie de tant de sollicitude à notre égard à travers ses trois filles. SAINTE SOPHIE (390) nous ramène encore au PLATEAU DE GIZEH (390), et même au niveau de la GRANDE PYRAMIDE (390), posée à la fois SUR TERRE (390) et DANS LES CIEUX (390). Sophie, qui nous a donné cette *sophia*, est décidément pleine de sagesse.

La pertinence de ce code primosophique est-elle encore à prouver ?

B) Hommage à l'inventeur du mot

Il ne nous reste plus qu'à rendre hommage à l'inventeur du mot « primosophie », GEORGES VERMARD, avec son magnifique 444, qui nous entraîne dans LES BRAS DE DIEU (444) et L'ACCEPTATION DE DIEU (444), à moins qu'il ne s'agisse aussi d'une invitation à VOIR NOMBRES (444) et à comprendre l'ORIGINE DE LA TERRE (444).

En conclusion de cet hommage :

– la primosophie ouvre LA VOIE (174) à qui sait regarder la bonne ÉTOILE (174) ;

– la primosophie ouvre la PORTE (223) à qui voudra aller voir de l'autre côté, trouver la CONNAISSANCE (322) ;

– la primosophie soulève LES VOILES (333) à qui voudra s'adonner un peu à LA RÉFLEXION (333) pour permettre LA RENAISSANCE (333) dans la LUMIÈRE de DIEU (231 + 102 = 333), Dieu devenant numérique, géométrique et non dogmatique.

Voyons aussi le 333 de la VIERGE MARIE, à laquelle Clovis aurait en son temps dédié la France. Ce qu'il nous faut comprendre, c'est qu'il s'agit d'un « principe » féminin, pas d'une icône religieuse, et pas n'importe quel PRINCIPE (242), mais celui qui porte L'AMOUR (242), soit L'ÂME DE LA FRANCE (242).

L'ÂME DE MARIE SUR LA FRANCE (556) nous entraîne au SOMMET DU GOLGOTHA (556), de L'AXE DIRIGÉ VERS UN (556), de la CONSCIENCE INDIVIDUELLE (556)… Tout un programme !

Reprenons enfin les quelques séries de « un », pour en extraire les différents messages qu'elles portent :

– UN = 112 nous rappelle l'importance d'être ALIGNÉ (112) ;

– ONZE = 188 = SOPHIA = JEANNE D'ARC = VENT = SEMENCE (là où 112 nous dit aussi SÈME) ;

– CENT ONZE = 306, soit le FÉMININ SACRÉ, PLACE DE L'ÉTOILE, VOIR UN, POINT FOCAL…

– MILLE CENT ONZE = 431 = QUATRE UNS = CONNAÎTRE LE UN = **LA PRIMOSOPHIE**.

Elle nous guide donc inexorablement vers L'ALIGNEMENT DE UNS (449), propre à nous rapprocher de L'ESPRIT SAINT (449) et JÉSUS CHRIST (449), par l'alignement et la recherche du féminin sacré en soi. Merci à Georges Vermard d'avoir ouvert la voie.

Quelques associations remarquables		
CENTRE	MILIEU	184
LE CENTRE	VISE + CIBLE	222
CENTRE DE LA CIBLE	SIRIUS	290
VISER LE UN	ÉNERGIE D'AMOUR CHAKRA DU COEUR	369
VISER JUSTE	L'UNITÉ PARFAITE	448
LA DIRECTION DU CENTRE	CONNAIS-TOI TOI-MÊME	555
VISER LE CENTRE	LE MESSAGE D'AMOUR	441
VERS LE CENTRE	AMOUR (211) + SAGESSE (211) LA GRANDE PYRAMIDE LA VRAIE LUMIÈRE ISIS + OSIRIS	422
LA VOIE DU MILIEU	LA LUMIÈRE EN SOI LA SAGESSE DU UN MILLE CENT ONZE **LA PRIMOSOPHIE** LA CONSCIENCE EN SOI CONSCIENTISER VERS LA TERRE DONNER NAISSANCE	431
UN, CENTRE UNIVERSEL	CONSTELLATION D'ORION	665
REVENIR AU UN	LES VOIX DE JEANNE L'ALIGNEMENT DE UNS JÉSUS CHRIST SAINT ESPRIT	449
UNI VERS UN	SAUVER LE MONDE	443
ARC	CIBLE	94
ARTÉMIS	LE CHEMIN ÉCLAIRÉ GLANDE PINÉALE	251
L'ARC D'OR (d'Artémis)	CIBLER LA BICHE	201
JEANNE D'ARC	ONZE PAROLE (au commencement était la parole)	188
JEANNE LA PUCELLE	CŒUR DE LA FRANCE	349
LE CENTRE DE LA FRANCE	LE MIROIR DE DIEU AMOUR PUR	388
COCORICO	FIN DE CYCLE BOUCLER	216
LE NOMBRE PREMIER	QUI EST RÉVÉLÉ TRINITÉ CÉLESTE	462
PRIMOSOPHIE	L'AMOUR DIVIN	399

Le mot de la fin… ou du commencement

Tels les chevaliers de la Table ronde, nous sommes partis en quête du décryptage de la langue française par la primosophie. Nous aurions pu multiplier les exemples, mais nous pensons que cette première approche permet déjà de lever le voile sur un univers mystérieux propre au français. Si L'AMOUR (242) est L'ÂME DE LA FRANCE (242), LA LANGUE FRANÇAISE (399) ne porte-t-elle pas en elle le PRINCIPE DIVIN (399) et L'AMOUR DIVIN (399) ? N'est-ce pas ce que la PRIMOSOPHIE (399) nous révèle ?

Il nous paraît impossible qu'il s'agisse de simples coïncidences, d'autant plus que nous poursuivons nos recherches et les partagerons prochainement sur des thèmes insoupçonnés. Et, plus nous avançons, plus il semble que la primosophie n'a pas de limite, comme si la langue française était en elle-même un code sacré, qu'il nous appartient de découvrir ensemble. C'est pourquoi nous avons créé un calculateur primosophique (www.astrao.fr), accompagné d'une base de données de plus de 8 000 références, que nous continuons d'enrichir. Ainsi, vous pouvez effectuer vos propres calculs et découvrir les messages qui vous sont destinés. En effet, c'est l'une des richesses de la primosophie : chacun peut se l'approprier et choisir de la faire entrer dans sa vie. D'ailleurs, le commencement n'est-il pas de saisir son nom et celui de ses proches ?

Nous conclurons par ce poème en rimes primosophiques, car la primosophie est aussi poésie, d'un genre unique, que nous proposons d'ajouter à la culture française :

LA VIE EST BELLE (344)
nous dit le FÉMININ SACRÉ (344)

Prenons LA VIE (131) et LA FEMME (131)
comme ce qu'il y a de plus SACRÉ (131) !

Avec LA POLARITÉ FÉMININE (488),
LA BOUCLE EST BOUCLÉE (488).

Rappelons-nous que L'ÂME DE LA FRANCE (242),
c'est L'AMOUR (242),

qu'ÂME DE LA FRANCE (211)
va de pair avec AMOUR (211) et SAGESSE (211).

Soyons dans L'ALIGNEMENT (264) et le RECENTRAGE (264),
car la VÉRITÉ (264) est EN NOUS (264).

Retrouvons LA SAGESSE DU UN (431),
comme nous le dit… LA PRIMOSOPHIE (431).

Là réside LA RÉVÉLATION DES NOMBRES PREMIERS (999),
dans L'AMOUR ET L'UNITÉ RETROUVÉS (999),

dans le retour d'une ALLIANCE TERRE-CIEL (393),
Tel est LE CODE SACRÉ DE LA FRANCE (393).

Remerciements

À Georges Vermard, qui m'a permis de m'initier sur de longues années à la géométrie sacrée, à l'importance des nombres, avec qui j'ai partagé de merveilleux moments de découvertes pures, et qui a inventé le mot de « primosophie » développée ici.

À Katy Maury, pour son implication dans la primosophie, qui a permis d'alimenter largement ce livre, et tout spécialement sur son sujet de prédilection : le féminin sacré, avec l'écriture du chapitre 4 ;

À Bernard Loiseau, ancien patron de presse et directeur de la revue *Psychologie*, pour ses relectures précieuses, sa bonne humeur, ses réflexions profondes et ses découvertes personnelles, qui ont aussi alimenté le livre.

À Sandra Vermard, pour ses nombreuses recherches primosophiques, ses découvertes, et sa belle amitié et son dévouement de longue date.

À toutes celles et ceux qui m'ont largement et amicalement encouragé dans l'écriture de cet ouvrage.

Mes propres recherches

	Valeur

	Valeur

Table des matières

Introduction   5

Chapitre I
La puissance des nombres premiers   11

Chapitre II
Au commencement, la Genèse   53

Chapitre III
La quête   69

Chapitre IV
Le principe féminin et son alliance avec le principe masculin   89

Chapitre V
De l'importance du centre et du Un   111

Le mot de la fin... ou du commencement   121

Remerciements   123

www.ingramcontent.com/pod-product-compliance
Lightning Source LLC
Chambersburg PA
CBHW030056100526
44591CB00008B/175